死なない人間になりました

下巻

梶原和義

JDC

はじめに

人間は絶対に死ぬに決まっている命を自分の命だと思い込んでいます。これは愚かと言うか、気の毒だと言うか、言いようがないほどばかげたことです。全世界の人間が皆そう考えているのです。

今皆様が生きている命が、絶対に死ぬに決まっている命であることを十分に承知していながら、その命を自分の命だと思っています。これは文明のためです。文明が絶対に死ぬべき命が人間の命だとして、人類全体にそれを強引に押しつけているのです。文明を無批判で一〇〇％信じているために、こういう訳が分からないことを人間はしているのです。

人間が死ぬことが自分で分からないのなら仕方がないのですが、絶対に死ぬに決まっていることがよく分かっていながら、なお、その命に頼っている。その命にかじりついている。だから、人間は間違いなく死んでいくのです。

私は世界中の人々が死んでいくのを黙って見ていられないのです。だから、色々な本を書いたり、セミナー、講話会で警告しているのです。

般若心経と聖書を宗教ではない角度から見る人がいない。仏教ではない般若心経、キリスト教ではない聖書を一つにして、はっきり究明する人がいないのです。

般若心経の本当の内容が日本では全く説かれていません。欧米でも本当の聖書が説かれたことがないのです。

イエスが現世にいた時には本当の命を語ったのですが、これは新約聖書ができる前のことです。新約聖書ができてから、宗教ではない聖書が正確に説かれたことはないのです。

日本人の場合、般若心経によって人間自身の考えを捨ててしまわなければ、聖書を神の言葉として読み取ることはできません。ところが、日本人は聖書を敬遠しているのです。キリスト教が説いている聖書は間違っていますが、聖書を読まなければ命の言葉は全く分かりません。

聖書を正しく読んでいけばはっきり分かることですが、死んでしまうに決まっている命は地球上にはもう存在していないのです。イエス・キリストの十字架によって死ぬべき古い命は消えて、復活によって死なない命の存在が証明されたのです。

日本人が現在自分の命だと思っているものは、肉体的に存在している命です。これは死ぬに決まっている命ですが、この命はもはや存在していないのです。現在、世界に七十六億の人間が生きている命は、幽霊のようなありもしない命を、あると思い込まされているだけのことです。

般若心経はこの盲点をついているのです。人間が考えているのは自分自身の五蘊です。五蘊を命だと思っているのです。自分が生きていると思う気持ち、自分の経験、自分の記憶、社会通念を自分の命だと思っているのですが、そういう命は、もはや存在していないということを新約聖書は断定しているのです。

キリスト教会へ行っている人は、死んでからも命があると思っています。愚かな考えです。現在のキリスト教は、はっきり欧米の宗教であって、これが日本人に押し売りされているのです。キリスト教が現在の文明の根幹をなしているのです。

現代文明によって人間の本心、本体は盲目にされてしまっている。このことを警告するために私は色々な本を書いているのです。

死ぬべき命はもはや存在していません。皆様は考え違いをしているだけです。肉体的に命があると考えていることが間違っているのです。

生命の命は人間が現世に生きている命を言うのです。生というのは死なない命のことです。命の本質、本性が生です。

命の本質が肉体的に現われていることが生命です。皆様は生命を経験していますが、生が分かっていないのです。聖書は生の内容を書いているのです。

イエスが死を破ったというのは歴史的事実です。キリスト紀元は宗教ではありません。二〇二〇年はキリスト紀元であって、死ぬに決まっている命が消滅してから、既に二千年にもなるのです。ところが、未だに人間が死ななければならないと考えている。これをばかばかしいことだと考えないのでしょうか。

命の言葉である神の聖書を読んでいないということは、誠に愚かな人生観を人間に強制していることになるのです。

神の言葉である聖書を敬遠する結果、命が分からなくなっているのです。私はキリスト教を薦めているのではありません。キリスト教は聖書を利用して営業をしているだけです。カトリックは世界中で一番大きい不動産を持っている。これは大会社です。

そういう宗教を学ぶ必要はありません。皆様自身の命の実体に即して、自分の本当の人生をご覧になればいいのです。

皆様の世界観が間違っています。世界観が間違っているために価値観が根本的に間違っているのです。死にたくないのなら死にたくないとはっきり考えたらいいのです。これがはっきり言える人は死なない方法が見つかるでしょう。

死んでしまうに決まっている命は、二千年も前になくなっているのです。イエス・キリストの復活以後、皆様が生きている命は、死なない命になっているはずです。

ところが、死なない命が全然分かっていない。聖書を間違えて受け取っているからです。なぜ聖書が間違って受け取られているのかと言えば、般若心経の空が分かっていないからです。

今皆様が生きている命は、空の命です。からっぽの命です。聖書によれば既になくなっている命であって、これを般若心経では五蘊皆空の命と言っています。

思いが変われば命が変わります。皆様の思いは命のあり方が間違った思いです。死んでしまう命を自分の命だと思い込むのをやめればいいのです。

そうすると、死に対する恐怖心がなくなってしまいます。思いを変えればいいだけのことです。般若心経はこれを言っているのです。

般若心経を仏教の経典だと考えていますと、本当の意味を捉えることができなくなるのです。なぜかと言いますと、日本の憲法では信教の自由と言っています。信じてもいいし信じなくてもいいのです。信教の自由という言葉を読みますと、百人中ほとんどの人が信じなくてもいいという方に受け取ってしまうのです。従って、般若心経も信じなくてもいいということになるのです。

信じるということは人間にとって何となく負担に感じるのです。そういう負担を持ちたくないので、宗教は信じなくてもいいと考えるのです。日本の憲法を造った人は、人間の命を全く知らない人です。

国家組織は人間の生活の世話をすればいいのです。命の保証をしなければならない義務は全くないのです。皆様は少し、文明、国を信じすぎていないでしょうか。

皆様は何を頼りにして生きているのでしょうか。誰を頼りにして生きているのでしょうか。命については誰も頼りにできないのです。命のことは皆様自身が責任を持つしかないのです。

命は知恵、知識の根源です。知恵は皆様の思いの根底に存在するものです。正しい知恵をはっきり認識すれば、そのまま死なない命に繋がっていくのです。

聖書に、「その言葉に命があった。その命は人の光であった」という言葉があります。命を認識することができるのは人間だけです。人間が自分自身の命を綿密に、平明に、正確に認識すれば、死ぬべきはずのものではないことは明々白々に分かるのです。

これは死んでから天国へ行くというばかな話とは違います。目の黒いうちに、はっきり神の国、死なない命を明確に捉えることができるのです。

死んでしまうに決まっている命を、自分の命だと思い込んでいる方には、それが間違っていると言わざるを得ないのです。

今という現実に命があるのです。自分という間違った思いがあるために気が付かないだけです。

人間は六千年の間、何をしていたのか。何もしていなかったのです。だらだらと生きていただけです。政治、経済をだらだらと引き延ばしてきた。古代社会、中世社会、近世社会、現代社会と、社会形態が変わってきましたが、ただ人間が生きてきたということだけのことです。何のために生きてきたのか。命の実体を捉えていたかと言うと、捉えていなかったのです。

六千年の間、人間は全部死んでしまいました。死に続けていたのです。おそらく八百億人以上の人間がこの地球上に生まれたと推定されますが、イエスとその数人の弟子、旧約聖書に出ている数人以外は、全部死んでしまったのです。

釈尊も孔子も死んでしまった。マホメットも死んだのです。だから、墓がありますが、イエスだけ墓がないのです。イエス・キリストは有名すぎるほど有名ですが、墓がないのです。釈尊の墓はたくさんあります。仏舎利が世界各地にあるのです。しかし、イエスの墓はどこにもありません。

イエスは復活したのかしなかったのか。もしイエスが本当に復活したとすれば、人間の本質が今まで考えられていたものとは、全く違ったものであることが分かるのです。だから、イエス・キリストの復活は、学問の対象として取り上げなければならない最大のテーマなのです。

学問はまず最初に、イエス・キリストの復活というテーマを取り上げなければならないのに、これをしていない。これは学の怠慢としか言いようがないのです。人類は二千年以上も怠慢を続けてきたのです。

学問は人間を幸せにするものだと言われるかもしれませんが、人間の幸せとは何か。死なくなるということが本当の幸せです。これは生への執着とは違います。今生きている自分とは違った命を発見することです。今生きている人間は、迷いと執着と悔恨と矛盾だけです。これ以外に人間の命はありません。

文明を前進させるとか、社会を改造すると言いますけれど、何のために進歩改造をするのか。ただ迷いと快楽と執着を増進させるだけです。

レーニンは人間の幸せは欲望の満足にあると言っていますが、これが間違っているのです。社会の進歩改造は、結局、人間の欲望を満足させるだけです。

欲望の満足は人間の幸福だと言いますけれど、欲望を満足させるとだんだん太っていくのです。欲望を満足させればさせるほど、新しい欲望が生まれるのです。これは人間がよく経験している事実です。こういう命は死ぬべき人間の命です。

ところが、死なない命があることを、イエスが歴史的に証明したのです。これは人間が勉強しなければならない、一番大きいことです。政治、経済、宗教、教育の問題よりももっと大きい問題は、命の問題です。

人間は死ぬものか死なないものか。これに対してはっきり断定することが、学の最も大きい責任ですが、それをしないのです。

イエスはどうして死を破ったのか。彼はなぜ死を破ることができたのか。死を破った後に彼はどうなったかという問題です。命とは何であるかということを勉強することが、本当の学です。

本当に信頼できるもの、本当に信用できるものは、死ぬべき人間の頭からは出てきません。死んでいくに決まっている人間の言うことは、皆どこか間違っているのです。

世界中でただ一つ本当に信頼ができることはイエスが死を破ったということです。これ以外に信用できるものは世界にはないのです。

釈尊が言った一切空も信用できるのです。釈尊は人間の考えは全部空だと言いました。これは事実です。五蘊皆空は本当です。これは学説ではありません。意見でもありません。実体です。

イエスが復活したことも実体です。イエスの復活は宗教ではない命の問題です。これを考えることが、人間がこの世に生まれてきた一番大きい責任です。死を破ることが、この世に生まれてきた人間としての一番大きい責任です。

イエスがどうして死を破ったのか。イエスが死を破ったから私たちも破れるに決まっています。絶対にできます。冷静に、正確に、イエスが生きていた状態を点検すれば、私たちも死を破れるはずです。

イエスが十字架にかかったことによって、すべての人の罪を抹消した。そして、神がすべての人をイエスと同じものと見なしたのです。その意味で、キリスト紀元に生きている人は全部救われているのです。客観的にそうなっているのです。

自分の意見を持っている人はだめです。五蘊皆空という釈尊のすすめに賛成すれば、救われている事実が発見できるのです。五蘊皆空という釈尊の意見に従えば、イエスの復活を自分のものとして受け止めることができるのです。

本当に信じられることは、人間が空であるということ、イエスが甦ったということです。六千年の人間の歴史の中で、本当に信じられるのは、この二つだけです。

永遠の生命の実体はイエス・キリストによって遺憾なく示され、その弟子たちにも示されました。また、聖霊によって使徒パウロにも教えられましたが、その後二千年の間、遥として世界から消えてしまいました。

しかし、再び日本に光が照らされ始めたのです。聖書の預言によれば、「日出ずる所から生ける神の印を持つ御使いが現われる」とあります（ヨハネの黙示録7・1～8）。

文明国の中で、世界で一番早く太陽が出るのは日本です。日本から生ける神の印を持つ人々が出現することを、神が預言しているのです。

この預言のとおりに、永遠の生命の実物が日本に与えられたのです。その内容を演繹してできるだけ分かりやすく書いてみました。全世界でとこしえの命、永遠の生命を求めている人々に伝えるのが、私の願いです。

永遠の生命とは何か。どうしたら永遠の生命を得ることができるのかについて書いてみましたので、この書を冷静に、平明に、綿密に読んで頂ければ、誰でも永遠の生命を得ることができると確信しています。

この分野において、現時点において、最高の内容を持っていると思いますので、多くの人々に読んで頂きたいと考えています。

この書を、まずユダヤ人と自称している人々に読んで頂きたい。また、ユダヤ人以外の全世界の人々にも読んで頂きたい。そうしてできるだけ多くの人々に、永遠の生命の実物を獲得して頂きたいと切に願う次第です。

死なない人間になりました　下巻／目次

1．五蘊皆空

般若心経の内容を皆様にご理解頂こうと思いますと、常識的にかみ砕いてお話ししなければならないことになります。

例えば、五蘊皆空という言葉がありますが、色受想行識という言葉が持つ意味を一つひとつお話ししたらよく分かるに決まっているのです。そうしますと、五蘊皆空をお話しするだけで一時間くらいはかかるのです。般若心経について説明しようと思いますとかなりの時間がかかって、思想が分散するばかりでありまして、般若心経が本当に言いたいことが分からないことになるのです。

それから、般若心経の字句の説明を一つひとつ聞きたいというその気持ちが迷いです。般若心経の一つひとつの字句の内容を知りたいという気持ちは分かります。これは常識的な欲望、知識的な願望ですが、こういう考え方が空です。

現在の皆様の生活は常識や知識によるものであって、これが世間一般のあり方です。常識、知識の本質は、現実の生活に間に合うという中心的な考え方になるのです。

私たちは命を勉強することが目的です。学問や知識を勉強することが目的ではないのです。従って、今回は般若心経の一つひとつの字句の説明ということは致しません。般若心経全体が言おうとしている所をずばり説明して、これを踏まえて命の勉強をしたいと考えているのです。

皆様は現在常識で生きています。常識で生きているということが、死んでしまうに決まっている生き方になるのです。

般若心経の字句の説明だけをするのが宗教です。般若心経の解説書はたくさんありますけれど、皆字句の説明ばかりをしているのです。般若心経にある空というものの実体が本当は何であるのか。これが全く説明されていないのです。

色即是空ということを理論的にいくら説明しても、空の実体は分かりません。現在宗教家が話している般若心経の解説は、理屈をひねり回しているだけです。字句の説明ばかりをしているのです。これでは命の足しにはならないのです。

私は皆様の霊魂のボランティアをしたいと考えています。現在の文明社会では、霊魂ということが全く没却されているのです。文明社会のアイディアが、人間の魂を殺してしまっているのです。

現代文明は生活一辺倒の世界観が中心になっているのです。文明構造は政治組織や経済組織によって成り立っていますが、こういうものが生活の中心になっているのです。従って、肝心の命について勉強する機会はめったにないのです。

現在の人間は生活はしているけれど、本当に生きてはいないのです。生きるということは命を経験することです。ところが、命の経験が全然できていないのです。学校教育は現世に生きているという方面の教育ばかりをしているのです。

文明構造が教育をそういうものにしてしまっているのです。現代文明は白人の世界観によってできています。日本人はこれに完全に洗脳されているのです。

文明の中で、文明的に生活するのが悪いのではありませんが、生活のことだけを認めるために、魂のことが全く無視されてしまうのです。

教育は社会に役立つ人間を造ることを目的にしているのです。これを第一に考えているのです。ところが、教育はすればするほど魂が衰弱してしまうのです。皆様の魂の影がだんだん薄くなるのです。

皆様は無意識に命を削り取られているような生活を強制されているのです。これを冷静に考えて頂きたいのです。

宗教は文明に迎合してお金儲けをしているのです。現在の文明生活に専念していますと、命のこと、魂のことが考えられなくなってしまうのです。この欠点を宗教は理論によって補うと言ってお金を儲けるのです。これが大変悪いのです。

最近の日本ではいわゆるシャーマニズムを考える新興宗教がたくさん出ています。私たちはそういう宗教ではなく、理論、理屈ではなくて、般若心経の必要性の中心を訴えたいのです。

般若波羅蜜多ということは、彼岸へ渡るための知恵、叡智、上智を言っているのです。彼岸へ渡るということは、命の真髄を弁えることです。皆様が生きている命の真髄、実体を弁えることが彼岸へ渡ることです。

従って、これは宗教の勉強ではないのです。私が般若心経は人生の公義だと言うのは、般若波羅蜜多に従って見ると、今生きている此岸の世界が間違っていると説いているからです。

此岸はこちらの岸です。彼岸は向こうの岸です。人間は現世に生きている間に此岸を出て、彼岸へ行かなければならないのです。現世を去ってしまってからでは、彼岸へ行くことはできないからです。

現世を去ってしまいますと、物事を考える精神能力は一切ストップしてしまうのです。記憶だけしか残らないのです。心臓が止まると記憶が凍結するのです。これが死の状態です。その結果、人生を弁えることができなくなるのです。

今まで皆様が記憶していた内容が、死んだ途端に凍結するのです。そこで、生きている間に命を勉強していないと大変なことになるのです。

本当に命を勉強しますと空が分かるのです。空というものは、現在皆様が生きていて経験している記憶とは全然違ったものです。

生きているうちに空をしっかり掴まえるのです。空の原理を掴まえることを、聖書では悔い改めると言っているのです。現在人間が生きている常識、知識を捨ててしまって、常識、知識ではない、生まれる前の人間に帰ることを言うのです。人間の本然性に帰るのです。これが空です。これが聖書の中の悔い改めという言葉に妥当するのです。

悔い改めて福音を信じることをしないで、聖書をいくら信じてもただ宗教になるだけです。

悔い改めるということは、現実に生きている人間の常識的な生活態度を捨ててしまうのです。常識的に生きていますと、人間は死ぬに決まっているのです。常識的に生きているということは、死なねばならないに決まっている命を生きているということです。

人間は死なねばならないに決まっている命を、後生大事に握り込んでいるのです。そういう命にしがみついているのです。これが常識的な生き方になるのです。

ところが、皆様がこの世を去ってしまいますと、常識が一切通用しない世界へ行くのです。常識的に考えていた宗教観念は一切役に立ちません。

現世において肉体的に生きているという感覚を解脱するのです。捨ててしまうのです。そうして、本当の空の実体を捉えるのです。そうすると、現世に肉体的に生きていない感覚で生きることができるのです。これが新約聖書でいうとこしえの命になるのです。般若心経では彼岸に到る、般若波羅蜜多になるのです。

般若心経と聖書とでは語法が違います。般若心経と聖書とでは基本的に立場が違いますが、要するに現在常識的に生きている人間から離れてしまうことが、般若心経の中心思想です。これが空です。

空という言葉は名詞的に用いられる場合と、動詞的に用いられる場合とがあるのです。空という一字を使えば名詞になりますけれど、空じるという言い方をしたら動詞になるのです。

このように空という言葉を名詞的に理解して、動詞的に活用するのです。そうすると、皆様の霊魂が常識から解放されることになるのです。

常識から解放されることが、死から解放されることになるのです。常識で捉えられている人生は、死ぬに決まっている人生です。常識から解放されてしまった後に命の正しい見方ができるのです。

現在の肉体的な命に関係がない、もっと高い次元の命が見えてくるのです。これがとこしえの命です。皆様の本心には死にたくないという気持ちがあるに決まっているのです。この死にたくない、死んではならないという気持ちが、皆様の本心が空を願っていることの証拠になるのです。

皆様の本心は空を願っているのです。ところが、皆様の常識がそれを拒んでいるのです。この点をよくお考え頂きまして、常識的な状態から出てしまうためにはどのように考えたらいいのか。永遠の命の実物を捉えるためにはどういうふうにしたらいいのか。その入口を見つけて頂きたいのです。

般若心経が言っているのは人生を空じることです。般若波羅蜜多という言い方がそれを示しているのです。問題は、このまま放っておいたら皆様は死んでいくに決まっているということです。これをどうするかということです。

皆様が生きている命は死んでいくに決まっている命です。現世に生きている人間をそのまま認めてしまうことになりますと、必ず死んでしまうということです。

常識で生きていたら皆様は五蘊の世界に紛れ込んでしまうことになるのです。般若心経で考えている五蘊というのは、人間の思い、また、感覚は根本的に皆間違っているということです。肉体的に生きている人間の思想が、皆間違っているのです。ここに般若心経の特色があるのです。従って、肉体的に生きている感覚を脱ぎ捨てることが、此岸を出て彼岸へ渡ることになるのです。

彼岸という言葉は宗教的に考える場合と、哲学的に考える場合とでは、色々な考え方があるでしょう。皆様に必要なことは宗教に関する話し合いではなくて、皆様の命に関する実感です。現在の文明的な世界観は、肉体的に生きている人間を人間としていますが、これを般若心経は五蘊と言っているのです。五蘊である自分に執着を持っていることが、魂を死に追い込んでしまうことになるのです。

現世の人間が宗教を信じるのは常識の世界の話であって、必ず死ぬことになるのです。これは宗教だけではありません。学問でも同じことです。そういうものは、現世の人間を相手にしていますから、結局死ぬ方向しか行けないのです。

私が申し上げたい点は、今皆様が生きている命は必ず死ぬ命であるということです。死ぬに決まっているのです。般若心経の言うところの般若波羅蜜多というのは、死ぬに決まっている人生から出てしまえと言っているのです。

現在、人間が肉体的に生きているという感覚そのものが、空です。これは否定することがで

きない事実です。これからどのように脱却すべきかを考えなければいけないのです

そのためには、般若心経と同時にキリスト教ではない聖書を勉強する必要があるのです。

般若心経は人生を空じることを説いているのです。現在生きている人間の考えを捨ててしまうことを中心命題にしているのです。

聖書は本当の命を説いているのです。般若心経は公義を説いているが、聖書は公命を説いているのです。従って、般若心経の公義を踏まえることなしに、また、人生そのものを空じることなしに、新約聖書を学んでも全く意味がないのです。

人生を空じないで聖書を学んでいるから、皆宗教になってしまうのです。キリスト教は教義を説いているのです。仏教も教義を説いているのです。教義を説くものはすべて宗教になっているのです。

般若心経の空を踏まえて新約聖書を見るのでなかったら、本当の命が分からないのです。般若心経は彼岸を説いていますけれど、彼岸の実質を説いてはいないのです。究竟涅槃という言い方で、抽象的に、象徴的に彼岸の概念を説いているのです。ところが、彼岸の実体を説いていません。命を実証するような形で説いていないのです。そこで、どうしても聖書が必要になるのです。

聖書は命を説いているのです。とこしえの命を説いているのです。般若心経が目指している彼岸の実体を説いているのです。聖書の命を確実に捉えるためには、現世における常識的な命

を解脱することが必要です。これが悔い改めるということです。

宗教は現世に常識的に生きている人間に、常識的にアピールするのです。これが間違っているのです。問題は皆様の命の立て直しでありまして、死ぬに決まっている命をどのようにしたらいいのかという問題です。

現在の文明は、人間は死ぬのが当たり前だという考えを基本にしているのです。死なない命を説いている聖書を学んでいるキリスト教でさえも、人間は死ぬのが当たり前だと考えているのです。これはとんでもない間違いです。

イエスは、「生きていて私を信じる者は、いつまでも死なない」と堂々と言っているのです（ヨハネによる福音書11・26）。こういう命の受けとめ方が、今のキリスト教には全くありません。キリスト教の人々は、私は死なない、信じますと言っているのです。信じるとか信じないとかいう問題ではないのです。

イエスは、生きていて私を信じる者は死なないとどうして言ったのか。ここに私たちは本当の命を捉える糸口が出ているのです。

このイエスの言葉を受け止めるためには、まず常識を空じることが必要です。現在の人間の人生観や世界観を問題にしないという意識を持つことが必要です。そのために、般若心経を学ぶということが、日本人には一番適当だと考えるのです。

般若心経によって現在の五蘊的な人生を解脱するのです。五蘊というのは色、受、想、行、識の五つが間違っていると言っています。目で見ている世界、意識している世界が、空であるということが納得できますと、肉体的に生きている自分を乗り越えて、本当の命に前進することができるのです。これが般若心経が持つ有力な意味になるのです。

常識で考えている人生観を乗り越えるのです。乗り越えるというのは、それについて議論するのではありません。常識が正しいか正しくないかを議論すると、それだけで一生を終えてしまうことになるかもしれないからです。

現世に自分が生きている状態で考えていることが五蘊です。般若心経の言い方は大ざっぱのようですけれど、非常に要領よく中心を捉えているのです。

人間が肉体的に生きている感覚を五蘊と言っています。肉体的に生きている感覚がどのような所から出てきたのかということを精密に正確に考えることをしないで、ただ肉体的な感覚を鵜呑みにしてしまいますと、肉の思いになってしまうのです。

聖書に、「肉の思いは死である」とありますが（ローマ人への手紙8・6）、常識で生きていることが死であると言っているのです。死そのものであると言っています。

常識的に生きている状態は、死んでしまうに決まっている命を生きているのです。死んでしまう命であることを知っていながら、その命に執着を持つことが人間の執念ですから、この執念を見切ってしまうことに、般若心経のすばらしい効果があるのです。

般若心経は五蘊皆空、色即是空、空竟涅槃という非常に力強い言い方で激励しているのです。

今の人間は人間そのものを丸呑みにしているのです。皆様は無意識に人間を丸呑みにしているのです。

空じるということが出家を意味するのではないかと言う人がいますが、出家というのは宗教家になることを意味するのです。般若心経は出家を奨励しているのではありません。彼岸に行きなさいと言っているのです。人間であることが間違っていると言っているのです。

般若心経は人間を否定しているのです。イエスは、「すべて重荷を負うて苦労している者は、私のもとに来なさい。あなたがたを休ませてあげよう」と言っているのです（マタイによる福音書11・28）。

また、「私にいなさい」ともイエスは言っています。これは私の中へ入ってしまいなさいと言っているのです。

出家することが何か特別のことのように考えられているのですが、出家して常識的に生きている場合には、出家していることにはならないのです。

現在の宗教家は出家しているように見えていながら、実はこの世に生きているのです。頭だけは丸めていても心は全然丸めていないのです。このような場合の出家が尊敬すべきものであるとは言えないのです。

頭を丸めようが丸めまいが、お袈裟をかけていようがかけていまいが、問題ではないのです。問題は皆様が人間として生きていることに間違いがあるのです。

人間であることを認めないということは、現在の文明意識で考えますと、甚だしい虚説のように聞こえますけれど、皆様が人間であると考えているのは人間の常識です。

人間であると考える皆様の常識的な考え、または知識的な考えが何処からきたのかと言いますと、この世の概念であって、これは宇宙に発生した闇の思考方式、悪魔の考えから来ているのです。

現世に人間が生きている状態を肉体感覚で見れば、肉体人間が生きていると見えるのです。般若心経はその考えが間違っていると言っているのです。五蘊というのは、目で見たようなものがそのままの状態であると考えることです。これが間違っていると言うのです。これが五蘊の中の第一の色蘊というものです。

皆様は目で見ているようなものがあると考えられるでしょう。これを聖書では肉の思いと言っているのです。肉体があるように考えられるのです。現象的な事々物々が存在するように考えられるのです。これが肉の思いです。

肉の思いによる人間認識は、聖書の根本原理から考えますと、大変間違っているのです。悔い改めるということが、キリスト教では確実に実行されていません。だから、人間が死んだら天国へ行くというばかなことを言っているのです。これは、肉体人間の人たちにキリスト教を広めるためには、肉体的に存在する人間を認めなければ宗教活動ができないからです。だから、キリスト教では肉体人間を認めているのです。これが宗教です。

般若心経も聖書も、初めから肉体人間を認めていないのです。人間の本当の生き方を勉強しようと思うのなら、まずこのことを認めなければならないのです。

皆様の本体は肉体ではないのです。肉体人間の生き方は生活形態です。人間の本体は魂です。魂ということが分からないのです。

魂という言葉は大乗仏教にはありません。一万七千六百巻と言われる膨大な経典の中に、魂という言葉は一字もありません。

般若心経は五蘊皆空と言っています。それでは、空ではない人間とは何かと反論しますと、般若心経は答えられないのです。色即是空に対して空即是色とありますが、空即是色の空の実体は何であるのか。色が空である。また、空が色であると言っています。色が空であることは常識でもある程度説明できますが、空が色であることが分からないのです。

魂の説明が仏教ではできないのです。仏教では魂の救いが分からないのです。聖書には魂という言葉がはっきりあります。

実は魂というのが人間の本質、本体を意味しているのです。魂の救いということはありますが、人間の救いということは聖書にはないのです。従って、人間が救われるというキリスト教の考えは、根本から間違っていることになるのです。

イエスは、「自分の命を救おうと思う者はそれを失う」と断言しているのです（マタイによる福音書16・25）。自分が救われたいと思う者は滅びてしまうと言っているのです。

肉体人間は人間の形態であって、実質ではないのです。人間存在は形態的存在と実質的存在とが二重性になっているのです。

聖書で言いますと、実質的存在を霊なる者と言っているのです。形態的存在は肉なる者です。霊なる者と肉なる者とがあるのです。

皆様が肉なる者を人間として認めますと、死んでしまうに決まっている自分を、本当の自分だと思い込んでいることになるのです。

そこで、肉なる人間を捨ててしまうのです。これは出家ではないのです。人間の本質は魂ですから、自分が肉体的に存在するという概念を捨ててしまうことこそ、実は人間の本質に戻ることを意味するのです。

私たちは肉体を与えられて生きています。肉体を持っていても肉体を中心にした生活をしないのです。現世に生きている以上、呼吸するのは当たり前です。肉体的に呼吸することなしに魂ということはあり得ないのです。

肉体的に呼吸しているという事がら、例えば、目が見えるということ、耳が聞こえるということが魂です。

人間の五官の働きが魂です。魂は人間ではないのです。五官は五官です。魂は魂です。人間というのは常識的に、また、知識的に現世に生きているという人間の概念をそのまま鵜呑みにしているのです。自分という人間が生きているという気持ちでいることです。これが人間です。

自分が生きていると考えています。自分の命は自分のものだと考えている。これが人間の迷いです。自分の命というものはありません。自分が生きているという事実はないのです。

生きているという実体、リビングという事実があるだけです。皆様の五官の働き、理性の働き、良心の働き、人格的な存在が魂です。

皆様の本当の存在、実質的な存在が魂であって人間ではないのです。人間は社会的な存在です。世間的な存在です。法律的な存在です。皆様の生命的な実体は魂です。

従って、肉の思いを捨てること、五蘊皆空を実行するということは出家することではないのです。現在、皆様が仕事をしている状態において、自分自身の肉の思いを捨てなければいけないのです。これは死んでしまうに決まっている自分を脱ぎ捨てることですから、大いにして頂きたいのです。

人間と魂とが二重的な存在になっているのです。リビング（生きていることの実体）と、ライフ（生活している人間）とは違うのです。リビングは五官が働いている実体です。ライフは目に見える肉体人間の生活状態です。この二つは全然違う人格です。本質的に違うのです。

聖書に、「肉の思いは死であるが、霊の思いは命であり、平安である」とあります（ローマ人への手紙8・6）。イエスは肉体的には生きていたけれど、肉体的に物事を考えなかったのです。皆様もこれを実行して頂いたらいいのです。

肉体的に人間が生きているのは宇宙的な自然性です。これは生きていなければならないのです。しかし、肉体的に物事を考えるというのは、死んでしまうに決まっている命を自分の命だと思い込んでしまうことになるのです。このことをよくご承知頂きたいのです。

皆様が現在生きているその命は、リビングが肉体的に働いているだけです。五官の感覚が肉体的に働いているだけです。

肉体が生きているのではありません。目で見ていること、耳で聞いていることは皆五官の働きであって、五官の働きは先天的なものです。

人間の本能性というのは先天性のものです。皆様の魂も先天性のものです。これをよくお考え頂きたいのです。これが文明意識では分からないのです。

現在の学問では人間の魂が何処から来たのか分からないのです。そういうことの説明ができないのです。皆様が現在生きていることをリビングソールと言うのです。これが生きている魂です。

リビングソールが人間的な形で生きていますが、そういうものがあるには理由があるに決まっているのです。こういうことは人間存在の奥義、ミステリーになることですから、軽々しく言ってしまいますと、皆様は正しく受け取りにくいのです。

皆様が現世の人生を持っているのは、そのような人生になって現われなければならない原理があったからです。今生きている人生は、結果です。生まれてきたから今生きているのです。

生まれてきたのは、生まれてこなければならない理由があったからです。こうなるべき原因があったから、今の結果が発生しているのです。その原因をはっきり掴まえなければ、結果としての人生を色々考えても無駄なことです。

自分は何処から来たのかという原因を見極めなければいけないのです。皆様は空から来たのです。空即是色とありますように、空が色になっているのです。

皆様の肉体が現われてきた原因は空です。空というものの実体は聖書にはっきり説かれているのですが、世界中のキリスト教では全く分かっていないのです。

キリスト教の人々は空が分からないのです。聖書にははっきり書かれているのです。しかし、これがキリスト教では分からない。宗教では分からないのです。

真理としての聖書、命としての聖書、神の実体としての聖書をはっきり掴まえますと、生まれる前の状態がはっきり分かるのです。

皆様の命の原因は何であるのか。皆様の目が見えたり、耳が聞こえたりしていること、いわゆる食と性という人間の本能性の原因がはっきり分かってくるのです。

現在の人間の常識的な人生観が、全く間違っているのです。

人間として生きることをやめて、魂として生きることの実体を掴まえて頂きたいと思います。

2. 人類の犯罪

ある小学生に、先生が自信を持って答えなさいと言いました。その小学生は、「先生、自信て何ですか」と質問したのです。

皆様は自信を持っているからいけないのです。人間が持っている自信は皆間違っているのです。学校の先生の教え方、親の教え方が間違っているのです。

人間は自分が罪を犯していることが分からないのです。人間が自信を持って生きていることが犯罪です。人類全体が犯罪を犯しているのです。

人類は犯罪の集団です。パウロは言っています。

「私たちは律法は霊的なものであると知っている。しかし、私は肉につける者であって、罪の下に売られているのである」(ローマ人への手紙7・14)。

これがユダヤ人に分からないのです。これが現在の世界の混乱の根本的な原因になっているのです。

米ソが会談をして話し合いをすると言っています。軍縮とか核兵器の問題を話し合うよりも、お互いの不信の穴を埋めるような会談をした方がいいのです。

人間が生きていることについて、それぞれの国がそれぞれの考え方を持っている。これが犯罪です。自分の国が自分の国是を持っているということが、犯罪なのです。

犯罪社会で、犯罪的な思想によってでなければ生きていけないのが人間社会です。「私は肉なる者であって罪の下に売られている」とあります。これが仏教では説明できないのです。仏教では人間が罪の下に売られているという思想がないのです。だから、罪の下に売られているという説明ができないのです。

仏教ではカルマと言います。業《ごう》のことを言いますが、罪のことは言わないのです。カルマと罪とは違うのです。カルマと罪とどう違うかについて説明できる哲学者も神学者もいないのです。

私は肉なる者にして罪の下に売られているという考え方が皆様に分かりますと、初めて皆様の命の本質が変わってしまうのです。

日本人は罪の下に売られていることが分からないのです。日本は仏教国だと思っていますが、仏教の値打ちを知らないのです。

仏教には値打ちがありますが、それは宗教的、哲学的な値打ちであって、生命的な値打ちではないのです。仏教には宗教、哲学はありますが、命に関する説明は一切ないのです。

皆様は悪魔が何処に隠れているかご存じでしょうか。これを見つけて引っ張り出したら勝ちなのです。

人間は鬼ごっこをしているようなものです。子供の鬼ごっこは、人間が隠れていて鬼が人間を捜すのですが、人生の鬼ごっこは、人間が鬼を見つけるのです。悪魔が何処にいるかを見つけるのです。

悪魔は宇宙のマイナスのエネルギーの根源になっているのです。実は悪魔ができたということは有難いことです。本当に有難いことです。

悪魔ができたお陰で太陽が輝いているのです。悪魔ができたお陰で皆様は地球上に生きているのです。

人間は悪魔の正体を知らないのです。悪魔の悪さも分からないし、悪魔の良さも分からないのです。悪魔はマイナスのエネルギーですが、その効果が分からないのです。

マイナスのエネルギーがどれほど大きい効果があるのかということが、人間に分かっていないのです。だから、自分の罪が分からないのです。

聖書に次のようにあります。

「初めに神は天と地とを創造された。地は形なく、むなしく、闇が淵のおもてにあり、神の霊が水のおもてを覆っていた」(創世記1・1、2)。

これがカルマの原因です。これを聖書に明記しているのです。キリスト教ではこの説明ができないのです。ユダヤ人もできないのです。できないのでユダヤ人が苦しんでいるのです。「私は肉なる者であって、罪の下に売られている」と聖書にありますが、この説明ができないのです。

「初めに神が天と地を造った」とありますが、大体、こういうものを造る必要がなかったのです。これを造らなければならない理由ができたので造ったのです。

天と地がなぜ造られたのか。形なくむなしくということが淵という言葉で現わされているのです。形なくむなしくという状態そのものが淵になってしまったのです。形なくむなしくという状態を闇が確認したのです。

闇というのは神ではない人格です。神ではない唯一の人格です。神という人格と闇という人格が初めて表面に出されているのです。

創世記の一章一節は、神が天と地を造った。二節には闇が淵のおもてに座ったと書いているのです。これが宇宙のカルマの始まりです。

般若心経に、「三世諸仏が無常の悟りを持った。無上の平安、本当の事がらを悟った」とあるのです。本当のこととは何なのかということです。

般若心経は「是大神呪、是大明呪、是無上呪、是無等等呪」と言っています。人間の一番大きい教えであり、一番すばらしい知恵である。これより上のものはない。これに等しいものもない。般若波羅蜜多だけが絶対の真理であると繰り返し言っているのですこれは天地が造られる前の世界のことを、何とか言おうとしているのです。マイナスのエネルギーが発生する前の本当の平和を言おうとしているのですが、それが分からないのです。

本当の神という思想が日本にはないのであって、因縁だけしかないのです。因縁がどうしてできたのかという説明ができないのです。皆様は生まれてきた以上、生まれてきたという因縁を十分に認識して、生まれてくる前の自分は何であったのか、従って、死んでから後はどうなるのかということを弁えようとするくらいの遠大な求道心がないと、皆様の命を掴まえることはできないのです。

今皆様は生きているつもりでしょうけれど、本当に生きているのではない。死んでいるのです。自分が生きていると考えているのは死んでいる命です。

死んでいるから自分が生きていると考えるのです。人間がこの世に生まれてこなければならなかったのはカルマです。もし地球ができなければ、人間は生まれてくる必要がなかったのです。

地球が造られたので、人間は最終的な責任者として生まれなければならないことになったのです。

人間が住んでいる社会は地球の最後の状態です。人間文明の今の状態は地球の最後の状態です。人間文明を最後にして地球は壊滅するのです。

人間が住まなくなっても地球が存在していると、ＳＦの小説は書いていますけれど、そういうことはないのです。地球は人間を住まわせるためにできたのです。最終の創造が人間であって、人間がこの地上にはびこってしたいことをしてしまうと、それで地球は終わるのです。人間文明の終わりは地球の終わりを意味するのです。それ以上、地球があっても仕方がないのです。

人間は地球の責任者にならなければならないカルマを持っているのです。これが人間のカルマの本質です。人間は地球全体の締め括りをしなければならないという絶対的な責任を持っているのです。

人間はこの世で生活をすることが目的ではないのです。地球を締め括ること、地球の結末をつけなければならないのです。これが人間の唯一無二の責任です。

これを心得ている人は、勝手に生活ができるようになっているのです。生活に苦しんでいる人は、人間の責任が分かっていないから苦しんでいるのです。

人間のカルマをはっきり見極めている人は、自分自身が地球存在に対して、どういう責任を持つべきかということを心得ているのです。

「神は天地の主宰にして、人は万物の霊長である」。これは明治時代の国定読本の中にあった文句です。人間が責任を持たなければ地球の責任を持つ者はいないのです。だから、全部地獄へ行くことになるのです。地球の責任を持とうとしたら、地獄へ行かなくてもすむのです。地球の責任を持とうとしていないから地獄へ行くのです。

今の皆様は地球の責任を持たなければならないという待遇を受けているのです。皆様には理性と良心というすばらしいものを与えられているのです。これが人間に与えられた待遇です。

理性と良心を与えられたというのは、神が前払いで一生の給料を払ったことになるのです。人間に一生生きていける力を与えているのです。

理性と良心という力があれば、人間は勝手に生きていけるのです。理性と良心の目的は何かと言いますと、万物の霊長になることです。そうして、地球の結末をつけるのです。

イエスはこれを実行したのです。仏教ではこれが分からないのです。仏教では人間は万物の霊長であるということが分からないのです。地球の運命が分からないからです。

仏教では地球は何万年も何億年も存続すると考えているのです。宇宙は無始無終と言っているのです。これがバラモン教の間違いです。ヴェーダという神話と祭式の伝統の上に成り立ったウパニシャッドの間違いですが、これが仏典の中に紛れ込んでいるのです。

人間は人間から抜け出してしまって、人間でないものになる必要があるのです。人間であるままの状態ですと、皆行き詰って死んでいくのです。

死んでしまったら、責任を果たさなかったという刑罰を受けることになるのです。

人間の理性や良心はただこの世に生きるためのものではない。ただこの世で生きているだけなら、理性と良心という高尚な機能は必要がないのです。常識だけで結構です。損得勘定さえできれば十分に生きていけるのです。

理性という超高級な機能はいらないのです。人間は必要以上のものを与えられているのです。

人間に能力を与えられすぎているのです。だから、原子爆弾を造ったり化学兵器を造るのです。人間には必要以上の能力を与えられているのです。だから、悪いことを考えるのです。人間が猿や犬程度の頭なら、核兵器を造るはずがないのです。ミサイルや細菌兵器を造るはずがないのです。

皆様は現在の地球ができる前のことが分かっているはずです。大宇宙は、地球ができる前を現わしているのです。そういう星雲が宇宙にはたくさんあるのです。

地球が終わったらどうなるのか。これは新約聖書の終わりに少し書いてあるのです。今の天と地ではない、新しい天と新しい地ができるのです。

「新しいエルサレムが天から下って来るのを見た」と書いているのです(ヨハネの黙示録21・2)。新しい天ができて地は地獄になるのです。聖書にはこういう歴史の秘密が書いてあるのです。

神がどのように天地を造ったのか。神がどのように人間を生かしているのか。人間の命は一体何なのか。こういうことが分かりますと、死んでから自分の魂がどうなるかがはっきり分かるのです。

この世が始まった時に隠れたものがあるのです。隠れるべきものが隠れたのです。そこで、現われるべきものが現われたのです。

現われたものを見ると、隠れているものが分かるはずです。男のハートとは何なのか。女の色気が男自身のハートです。女を見ると女が造られる前の状態が分かるのです。

満開に咲いた桜を見ると、桜の木ができる前が分かるのです。桜ができる前の桜が花になって現われているのです。

隠れているものを現わそうと言っているのです（マタイによる福音書13・35）。これが神の天地創造です。これは御霊に聞かないと分からないことです。

皆様が見ているのは物質ではなくて、物質として現われている神の状態を見ているのです。物質になって現われている神そのものを見ているのです。

桜の花はチューリップとは違った現われ方をしているのです。形も違いますし、色も違います。香りも咲く時も違います。咲き方も違います。花と言いましても、桜とチューリップとでは全然違うのです。

あり方の相違というのは人間的に言いますと、言葉使い、文章の書き方の違いになるのです。目に見えないものを目に見えるようにしてあげよう。この世が始まった時に隠れたものがある。現象世界によって、現象世界ができる前の世界を示していると言っているのです。

こういうことを説明することが神の預言です。神に代わってこういう説明をする人間のことを、預言者というのです。

皆様は神の預言者を目で見ていることになるのです。皆様が見ている森羅万象は神の言葉を見ているのです。音として聞いているのは神の言葉を聞いているのです。

目で見ること、手で触ること、食べること、嗅いで見ることは皆同じことをしているのです。

人間の五官の働きというのは神の言葉に触れているのです。

皆様の霊魂はいつでもそういう状態で、神と交わっているのです。人間が生きているということは、肉体ができる前の条件で生きているのです。これが霊の命です。

人間が今生きているのは、肉体ができる前の条件で生きているのです。男が女に惚れているのは、女ができる前の女です。それに男は惚れているのです。これが女の色気です。

色気と欲は違うのです。それを、現在の人間は色気と欲を結び付けているのです。そのために、女性の本当の値打ちが分からなくなっているのです。

女性の本質がどんなにすばらしいものか分からなくなっているのです。今の人間はセックスが性欲だと思っているのです。性欲だと思い込んでいますから、肉体的な女しか見えないのです。

イエスは肉体的に女を見たら姦淫になると言っているのです（マタイによる福音書5・27）。肉体的に女を見ない方法は何か。これが今の人間には分からないのです。だから、全世界の人間は皆姦淫しているのです。

聖書の建て前から言いますと、キリスト教信者でも信者でなくても全部地獄へ行くのです。

本来のあり方を知らない者には、その間違いを知らせてあげなければならない責任が神にあるのです。だから、地獄の裁きがあるのです。

本当に素直な人は女性を性欲的に見るのが苦しいのです。だから、私にどうしたらいいのかと質問しますが、答えても答えても分からないのです。

人間は生きていることを肉体的にしか見ることができないのです。自分の命を肉体的にしか見ることができない者は、霊的に生きることができないことを意味するのです。自分ができる前に自分がいたのです。自分がこの世に生まれる前に、自分の原形があったのです。

自分の原形がどんなものかということを見ずに、今生きている自分しか見ないのです。だから、今生きている自分しか知らないのです。

地球ができる前に地球の原形があったのです。地球の原形が今の地球として現われなければならない理由ができたのです。それは、悪魔という人格が現われたからです。

死という事実が宇宙に発生したのです。死が宇宙に発生したので、やむを得ず物質を現わさなければならなくなったのです。本当のあり方と嘘のあり方の二つのことを現わさなければならなくなったのです。そこで、初めに神は天と地を造ったと書いているのです。

初めには時間がなかったのです。時間が始まった一番最初に神がしたことは、天という原則と地という原則を造ったことです。天という原則は隠れた原則です。地という原則は現われた原則です。

神は隠れた原則と現われた原則の二つを造った。これが聖書の始まりです。こういうことは聖書を勉強しないと分からないのです。

キリスト教ではこういう説明を致しません。キリスト教の人々は私たちと同じ聖書を読んでいますけれど、隠れた世界、地球ができる前の世界のことは皆目分からないのです。

今私たちは肉体的に生きていますが、これを実物だと考えてはいけないのです。今地球がありますが、地球ができる前の地球、未必の地球があるのです。未必の地球が既必になって現われているのです。

森羅万象が地球にありますが、地球に現われる前の森羅万象があったのです。これは何であったのか。なぜそれが地球に現われなければならなかったのか。

現われている森羅万象はやがて消えるのです。現われたものは消えるに決まっているのです。皆様は今現われていますが、この世に現われるまでにはこの世を知らなかったのです。知らなかったから森羅万象を見ることができなかったのです。

森羅万象を見ることができない人は、神の力、神の実物、神のあり方を認識することができません。

チューリップという格好で神が発言しているのです。桜という形で神が発言しているのです。神の言葉を聞こうと思いますと、チューリップの花からチューリップの言葉を聞くのです。桜の花から桜の言葉を聞くのです。皆その人その人の因縁によって、神が語る言葉が違うのです。同じチューリップの花でも、花心がある人と、花より団子が良いという人とがあるのです。

チューリップも人によって言い方が違うのです。その人の魂のあり方に従って、神が語りかけているのです。

神は一つの言葉によって千差万別のことを語るのです。一つのチューリップの花を千人に見せたら、千人は皆違うように感じるのです。神は一つのチューリップによって、千人の人に語っているのです。神はこういう言い方をするのです。

皆様はチューリップの花を見て何を感じるのでしょうか。誰でもきれいだとは思うでしょう。きれいとは何でしょうか。すばらしいと思うのは何でしょうか。

チューリップの花は発言しているのですが、肉体人間にはチューリップの格好しか見えないのですが、魂の人間にはチューリップの言葉が聞けるのです。

チューリップは人間の魂に語っているのです。形は人間の目に見せていますけれど、チューリップの心は人間の霊魂に語っているのです。花には花の霊があります。

前大僧正行尊は、「もろともにあはれと思へ山桜　花よりほかに知る人もなし」と詠んでいますが、これは花の心を詠んでいるのです。

行尊は花が咲いている状態しか詠んでいないのですが、もっと花の心を詠んでいきますと、人間の魂に呼びかけている言葉が分かってくるのです。
二、三歳の子供は花を見ると、花、花と言って花の中へ頭を入れようとするのです。二、三歳の子供は人間として生きていない、魂がむき出しで生きているのです。魂と花が一つになっているのです。だから、子供は花の中へ頭を入れようとするのです。そこに、同類がいるからです。
花が咲いている姿と、人間の霊魂の本質とは同類です。これが生け花の本当の心です。生け花は人間の魂に物を言っているのです。花を活かすことによって、人間の魂に天地の心を教えているのです。これが茶の心に通じるのです。

ところが、今ではこれが分からなくなっているのです。天地の心は人間の魂に何を訴えているのでしょうか。この世が造られる前に隠れたものがあるのです。隠れたものが訴えているのです。

何が隠れたのか。天地が現われた時には死の力が働いているのです。天地が現われる前には死はなかったのです。命だけがあったのです。

命は死がない命だけを現わしているのです。これがとこしえの命です。とこしえの命が花に現われている。だから、美しいと見えるのです。

聖書に、「私は口を開いて譬を語り、世の初めから隠されていることを語り出そう」とありますが（マタイによる福音書13・35）、何を語っているのか。死がない世界を語っているのです。この世界が分かると死ぬはずがない自分が見えてくるのです。これを皆様も勉強して頂きたいのです。

なぜ人間に矛盾があるのか。人生は、苦しみ、悩み、悲しみに満ちています。人生は矛盾に満ちています。もし矛盾がなかったら気楽に生きていけますけれど、自分自身の魂を完成することは全く不可能です。矛盾があるから魂を完成することができるのです。

人生に矛盾がなかったら、生きていても何にもならないのです。宇宙に矛盾がなかったら、神は人間を造る必要がなかったのです。

皆様がこの世に現われた以上、この世のカルマ、業を果たさなければならない責任があるのです。人間は花を見たり、魚や肉、野菜、果物を食べたりしているのですから、天地の心が人間の心にアピールしようとしていることを、人間はいつも感じているはずです。

冬の日に日向ぼっこをしていると、ほこほことした温もりを感じることになるのです。温もりが天地の愛を示しているのです。

天地の愛というのは、おのずからの命です。地球ができる前に命があったのです。その命は死なない命だったのです。

宇宙に死の法則が現われたので、これを消してしまう必要が生じたのです。死の法則を消してしまうということがカルマになったのです。

死を消してしまうために、神が天地を造ったのです。天地を造ったということは、神が愛を現わしたのです。神が愛を現わすことによって、死が自滅しなければならない方法を神が考えたのです。これが天地の創造です。

皆様はカルマによってこの世に生まれたのであって、カルマがこの世に生まれたことの原因です。

人間は自分が生まれたいと思って生まれたのではありません。業によって生まれたのです。生まれたということがカルマです。これは避けることができないのです。

罪とはどういうものかと言いますと、原罪のことをいうのでありまして、単数の罪と複数の罪があるのです。単数の罪は、人間が肉体を持っていることによって、肉の思いを持たねばならないようになったことです。

人間が生まれたのは肉体的に生まれたのではありません。生きるという事がらがこの世に出てきたのです。ところが、人間はそれを肉体的に受け止めてしまったのです。

生きるという事がらが生まれてきたのです。これが命の息です。命の息が生まれてきたのです。これを人間の祖先が肉体的に受け止めてしまったのです。

今皆様は肉体的にしか命を受け止めることができないようになっているのです。これを罪というのです。

罪とカルマとは違うのです。

人間の命がこの世に現われなければならないようになったのです。命の息がこの世に現われたのです。これだけなら良かったのですが、エバが大変な考え違いをしてしまったのです。

エバが間違えたのです。愛を間違えたのです。肉体的に愛されることが愛だと思ったのです。これが人間の原罪の始まりです。

セックスの原理は何か、何処から来ているのかと言いますと、女のペースです。女が喜ぶこと、女を喜ばすことです。それを男が喜んでいるのです。今のセックスは女の原理になっているのです。

ところが、人間存在の本質は女です。女のお好みが世界の歴史を動かしているのです。男のお好みは世界を動かさないのです。男の仕事はお金儲け、権力の争奪です。

文明のセンスは女のセンスが中心になっているのです。性についての感覚はすべて女の性のペースです。女が喜ぶこと、女を喜ばすことがセックスだと思い込んでいるのです。

人間の学問も宗教も皆間違っているのです。人間にとって一番関心が高いのはセックスです。これを説明することが最も難しいことです。

人間はセックスについてどう間違ってきたのか。女の本質はハートです。人間のハートが女です。人間のハートが女になって現われているのです。

ハートは何を願っているかと言いますと愛です。ハートは愛されることを願うのです。女はそれが分かっていますから、今の女はセックスに引きずり込まれている状態について、怪しいものだということが分かるのです。セックスが生臭いことだということが、女には何となく分かるのです。

男は生臭いものだと思わない。結構なことだと思えるのです。女は生臭いものだと思っていながら喜んでいるのです。ここが違うのです。女は生臭いものだと思いながらセックスがやめられないのです。ここに女のカルマがあるのです。

罪は女のセックスから来ているのです。セックスの原理が罪の本質です。人間が地獄へ行くことの根本原理がここから来ているのです。

女は元々愛を求めるはずだったのです。それがセックスになってしまったのです。肉は食べてはならないものだったのですが、それを食べたのです。

女が肉を見たら、「食べるに良く、目には美しく、賢くなるには好ましい」と思われたのです(創世記3・6)。そして、食べたのです。

エデンの園でへびが女に言ったのです。へびというのはどういう人格なのか。善悪を知る木の実を食べた結果、へびの人格が女に乗り移ったのです。女に乗り移った女のセックスの感覚が、今日の性欲の根源になっているのです。

男は威張ってはいるけれど、セックスは女の言う通りになっているのです。女を喜ばせることが第一だと考えているのです。

神は男に善悪を知る木の実を食べるなと言ったのです。女には言ってはいないのです。女は神に食べるなと言われた覚えはないと言って、逃げることができるのです。

食べたのは女ですけれど、食べるなと言われたのは男です。女は食べるなと言われていないから、へびの言葉を聞いて食べたのです。この時男が、「私は神が食べてはいけないと言われたから私は食べない」と言って横を向いたとすると、罪は発生しなかったのです。従って、死ぬということがなかったのです。だから、地獄はなかったのです。

人間の煩悩、苦しみの根本原因はセックスにあるのです。男に本当の人生の見方が分かってくると、人生の矛盾はなくなるのです。女は自分の間違いを女自身で改めることが、現在ではできなくなっているのです。それは、現世は男が中心になるべきだということを、神が決めてしまったからです。

なぜ神がそう決めたのかと言いますと、女が罪を犯したので、過ちをしなかった男に女が従わなければならないことになったのです。そういうことを神が女に命令したからです。

そのために、この世では女は男よりも上等ですが、男の下につかなければならなくなったのです。

女は男のハートです。男はただのマインドです。ハートの方がマインドよりも上です。しかし、現世の人間生活はマインドが中心であって、ハートが中心になっていないのです。これが、現世の人間生活のあり方です。

今の時代において、人間の罪をどのようにしたらいいのかということです。イエスは女の末であって、女の代表者です。処女からイエスは生まれましたが、これは女の末を意味しているのです。

イエスは父親なしに生まれたのです。イエスの父親は神であってこの世の父親はいなかったのです。

現世では本当の責任者は男になっているのです。男の救いはイエスを信じなかったらできませんから、男がイエスを信じることは、男が女の末になることを意味しているのです。

女は愛の本質を見極めるために造られた人格でしたが、女は本当の愛、アガッペーの愛をエロスにしてしまったのです。

エロスは肉の愛です。アガッペーをエロスに摩り替えてしまったのです。今では愛という言葉はエロスにのように考えられていますが、実は愛はアガッペーの愛でなければいけないのです。チューリップが示している愛は本当の愛です。これが死なない命です。チューリップは死なない愛を見せているのです。これが本当の愛です。死なない命を見ることが女の本願だったのです。

ところが、女は死なない命よりも、この世の楽しみの方を選んでしまったのです。男はそれを認めてしまったのです。そこで、死なない命を得ることが男の責任になってしまったのです。今の男はこの世で楽しむよりも、とこしえの命の本質は何であるか、本当の愛とは何であるかということを確認しなければならない責任があるのです。

女の末であるイエスがそれを見事に達成したのです。そこで、私たちはイエスが死を破ったということにどんな価値があるのかということ、どういう効能があるのかということを認識しなければならないのです。

そうすると、皆様がこの世に生きている原理、セックスの原理ががらっと変わってしまうのです。

チューリップの花は、花ができる前の命、目に見えないとこしえの命を現わしているのです。神は目に見えないとこしえの命を現わすために、チューリップの花を造ったのです。

死なない命を現わすために、植物を造り、川を造り、青い海を造ったのです。空が青いのも、死なない命を現わすためです。

天地万物を読んでいけば、死なない命が分かるはずです。

皆様は美しい景色を見ることが楽しいでしょう。なぜ楽しいのでしょうか。死なない命を見ることができるからです。死なない命を勉強することができるからです。

天地自然の景色は、皆様に死なない命、とこしえの命を教えているのです。

景色を見ることを観光と言います。観光というのは神の光を見るのです。神の光を見るから観光と言うのです。

景色を見ることがなぜ観光になるのかと言いますと、景色の本当の実物、空が青いこと、海が青いこと、その姿の本物を見破ることができると、自分の中にとこしえの命があることが分かってくるのです。

イエスはこういう考え方をしていたのです。私はイエスの考え方をもらったので、イエスと同じ考え方ができるのです。

3. 草木国土悉皆成仏

日本人にとって本当のことが分かりにくい原因は、無意識にダーウィンの進化論を呑み込まされているからです。

例えば、昔、ホモラボランスという類人猿がいた。これが徐々に進化してホモファーベルになった。北京原人のようなものができた。それが更に進化して、ホモサピエンスができたというのが進化論です。

これがユダヤ人のテーマであって、ユダヤ人がこういうテーマを造って、まことしやかに、進化論と称して人類にばらまいたのです。日本人はそれを無批判に受け入れたのです。

日本人は封建時代に天皇制に移ったために、世界観の基礎が全くないのです。ですから、日本人を騙すのは赤児の手をひねるようなものです。

日本人は世界歴史の流れをよく知らないのです。だから、ダーウィンの進化論という幼稚な思想をすぐ鵜呑みにしてしまったのです。

その前に中国の文化も鵜呑みにしたのです。中国のいわゆる孔孟の教えをそのまま丸呑みにしたのです。

本来日本は、高天が原という思想から出てきたのであって、日本人は広い世界観とか、人間とは何かということを考えようとしない性格を持っていたのです。そこへ、中国の文明とインドの文明が流れ込んだのです。それを無意識に呑み込まされてしまったのです。中国文明もインド文明も、広い意味で言えば人間主義です。孔子は無意識に人間を肯定しているのです。人間はこういう生き方をするべきだという生き方だけを教えているのです。人間が現世に生きていることに疑いを持たないというのが、孔子の思想です。人間はどのように生きるべきかということだけしか考えなかったのです。

ところが、釈尊は人間はいないと考えたのです。これが一切空です。人間も万物も一切存在しない。これが一切空です。

孔子や孟子は人間の生き方の説明をしているのです。釈尊は人間は空だと考えたのです。釈尊の思想と孔子の思想は全然次元が違うのです。

日本の王朝がどのように国を治めるかということのために、中国の文明を取り入れたのです。そのような状態で、日本人は人間存在について、未だかつて根本的な疑いを持ったことがないのです。これが日本人の最大の欠点です。

天皇制についても同様です。人間存在とは何か。天皇制とは何かという考え方ができないように、馴致されてきたのです。日本人はそのように飼い慣らされてきたのです。それで、般若心経が全然分からないのです。

人間はいないという所に落ち込んでしまわなければ、般若心経の理解は有り得ないのです。ところが、人間がいないという所に落ち込むことが恐ろしいので、本当の空観を持った人はいなかったのです。

弘法大師でも親鸞でも、道元、日蓮、空海も結局現世主義者だったのです。日本に現世利益の仏教はありますが、本当の仏法はないのです。

人間が空であるとはっきり言い切っている仏教はありません。最近の日本の新興宗教は、茶番狂言のようなことばかり言っているのです。非常にレベルが低いことばかりを言っているのです。人間がどのように幸せに生活するか、ということばかりを言っているのです。

般若心経が優れている点は、般若波羅蜜多という題目にあるのです。般若波羅蜜多という題目は、彼岸へ渡ることが前提になっているのです。

彼岸へ渡る上智のことを般若波羅蜜多と言うのです。キリスト教が言う上智は、人間が救われることを言っているのですが、般若心経は彼岸へ渡る上智を言うのです。

彼岸へ渡る上智というのに比べられるものは、新約聖書にある永遠の命です。

イエスは、「時は満ちた、神の国は近づいた。悔い改めて福音を信ぜよ」言っています（マルコによる福音書1・13）。イエスは何を言いたかったのかと言いますと、時は満ちた、神の国は近づいたと言いたかったのです。

神の国を言いたかったのです。これが般若波羅蜜多です。般若波羅蜜多を現代において探そうとしたら、イエスの宣教第一声しかないのです。

日本の文化には般若波羅蜜多に該当する発言は全くないのです。本居信長もだめです。鴨長明もだめです。中国の孔子も、孟子もだめです。老子もだめです。

老子も彼岸のことを言っていません。現在の人間の思想を否定しようと思ったら、般若心経と神の国以外にはありません。これは人間文化の最高峰です。

男の問題と女の問題をどうして考えるのかと言いますと、般若波羅蜜多の原理を踏まえて考えなければ、本当のことは分かりません。本当の人間は分かりません。

本当の般若波羅蜜多とはどういうことなのか。本当の人間のあり方をどのように見ていったらいいのかということです。議論の余地がない考え方をするのです。人間が良いとか悪いとかを言っていますと、議論の余地が発生するのです。

現在の人間が生きていることが全く無意味だということがはっきり分かれば、もはや自分の思想について良いか悪いかを考える必要がなくなるのです。

皆様が現在生きていることが無意味だということを、はっきり知って頂きたいのです。

現在の人間が生きていることが無意味であることが分からなければ、本当の人生観や世界観はできません。本当の世界観というのは人間がなぜいるのかという所から出発しないといけないのです。

人間が存在することを前提にしますと、皆間違ってしまうのです。若い人にはまだ考える時間がありますが、熟年の方にはあまり時間がありませんので、のんびりしていたら間に合わないのです。

現在の人間社会はあったところでしょうがないのです。孔孟の思想に従って、道徳的にすばらしい人間社会が成立して何になるのかと言いますと、何にもならないのです。人間が道徳的に生きてお互いに親切になっても、人の悪口や陰口を言う人が全くなくなったとしても、それが何になるかのと言いますと、何にもならない。ただ人間は死んでいくだけです。

皆様の生活が安定して、仏の恵みを受けることができたとしても、それで何になるのかということです。

天理教や浄土宗、天台宗、法相宗、華厳宗、律宗、真言宗、臨済宗、曹洞宗、日蓮宗、ＰＬ教団、創価学会などの宗派の言うことが完全に実現したとして何になるのでしょうか。

人間の生活には利益があるでしょう。ところが、人間の生活の利益になっても、人間の本質には何になるのかということです。やはり人間は死んでいくのです。

どんな宗教を勉強しても人間は死んでしまうだけです。このことをまずご承知頂きたいのです。

皆様の人生観を完全に実現しても、結局死んでしまうだけのことです。これに対して皆様は反論できるのでしょうか。

皆様は死んでしまう人生しか知らないのです。こういう考え方で生きていても仕方がないのです。考え方を変えることができますと、死なない命に向かうことができるのです。

人間存在の根本原理が分かりますと、今までの皆様の人生観や価値観がひっくり返ってしまうのです。

本当の命の値打ちが認識できるようになりますと、初めて神とは何か、仏とは何かということの冷静な考えができるのです。

死んでしまうに決まっている人間は何を考えても仕方がないのです。仮に親鸞が言ったことが本当だとして、人間が仏国浄土へ行けるとしても、そこへ行って何になるのかということです。何にもならないのです。

仏国浄土へ行っても、ただ遊んでいるだけです。天国へ行ってもただ遊んでいるだけで何にもならないのです。

宗教は現世に生きている人間を対象にしているのです。結局、宗教を信じても何にもならないのです。生きている人間が間違っているのですから、これを肯定することが間違っているのです。

人間肯定が間違っているのです。人間を否定することが正しいのです。

人間とは何か。今の人間は現象的に生きている人間を肯定して、人間だと考えているのです。現象的に生きている人間を肯定してしまいますと、全部宗教になるのです。

宗教というのは現象的に生きている人間を肯定する所から出発しているのです。釈尊はこれを否定したのです。これが般若心経に現われているのです。

観自在菩薩は人間ではないのです。人間を否定した人間です。人間を否定した人格です。これは人間とは言えないのです。

観自在菩薩というのは人間を否定した人格です。そうして本来あるべき人間の状態を見たのです。

自在というのは本来あるべきということです。本来あるべきものを観じると、今生きている人間は消えるのです。これが観自在です。観世音と言ってもいいのです。

観世音は、森羅万象として現われているこの世の万物を冷静に見たのです。ところが、万物を冷静に見ると、万物がないことが分かるのです。例えば、花を冷静に見ますと、花ではないことが分かるのです。

日本ではお茶や生け花をします。お茶や生け花というものは、人間がいないことを悟るための教養です。空を悟るための教養です。空を悟るための教養が華道であり、茶道です。ところが、現在の日本人は華道や茶道をしていながら、空を悟らないで行っているのです。しかし、日本人は空が好きです。空を肯定しているのです。空を肯定していますけれど、空を信じていないのです。これが日本の茶道、華道の間違いです。

利休の茶の心得は一期一会です。一期一会が茶の心の基礎ですが、この心を利休は持っていたので、現象生活を空じることができたのです。しかし、自分自身を空じることができなかったのです。そこで、秀吉と喧嘩して切腹したのです。これは愚かなことです。

千利休はその程度の人間です。千利休は広い意味では宗教家と言える人物でした。お茶も生け花も宗教みたいなものでした。

宗教は日本にありますが、真理はないのです。皆様は物事を深く掘り下げて頂きたいのです。私は宗教家ではないことを述べているのです。

人間の存在を認めている者は、宗教になってしまうのです。利休は一期一会と言いましたが、一期一会という人間を認めているのです。親鸞上人は地獄一定と言いましたが、地獄一定という人間を認めているのです。これが間違っているのです。

皆様は現在生きている自分から抜け出してしまうことができなければ、本当の安心はありません。皆様がいくら聖書が分かっても、皆様が分かったのではだめです。固有名詞の人間が聖書を分かっているからだめです。

固有名詞の人間は消えてしまわなければいけないのです。今までの自分の感覚から抜け出してしまって、新しい人間観を持って頂きたいのです。

そのためには、神の御霊を受け取って頂きたいのです。神の御霊を受け取りますと、般若心経というものさえも、子供じみたものになってくるのです。観自在というものでさえも、幼いものになってくるのです。

本当の命の実物に溶け込んでしまうのです。命の実物に溶け込んでしまいますと、涅槃よりも上になるのです。

涅槃というのは、人間が冷えて消えてなくなってしまうのです。本当の命に溶け込んでしまいますと、もう一つ上の状態になるのです。これがイエスの復活です。イエスの復活を皆様の命によって取り込まないとだめです。

日本人は般若心経が大変好きです。般若心経に好意を持っていますけれど、信じていないのです。これは非常に不真面目です。

親鸞の思想でも同様です。日本人は親鸞が好きです。道元が好きです。親鸞や道元のどこが良かったのか。どこが悪かったのか。本当の親鸞も本当の道元も知らないのです。ただ親鸞びいき、道元びいきです。これが日本人の道楽です。

道元や親鸞をいくら理解しても、人間存在を知ることができないのです。

大体、今の皆様が生きていることが、何の足しになっているのかということです。これから始めていかなければならないのです。

宗教を信じて、仮に天国や極楽へ行けたとしても仕方がないのです。仏教浄土には仏がいる場所はあります。十万億土の極楽浄土に仏がいる場所はありますけれど、人間がいる場所はないのです。これが分からないのです。阿弥陀経にはそのように書いているのです。

阿弥陀如来の名号のいわれを心に留めて念ずることが念仏です。そのように念仏するなら、臨終の時に阿弥陀如来がお迎えに来て下さると言うのです。

阿弥陀如来の名号のいわれを心に留めてと、はっきり阿弥陀経に書いているのです。ところが、阿弥陀如来の名号を心にとめることが日本人にはできないのです。なぜできないのかと言いますと、人間を肯定しているからです。

阿弥陀如来の名号を心にとめますと、人間ではなくなってしまうのです。無量寿如来と無量光如来がありまして、これが人間の本体です。これになってしまうのです。

人間が生きていることが無量寿如来です。また、無量光如来です。この二つの如来がいるのであって、人間の本体はこの二つの如来をひっくるめて阿弥陀如来になるのです。これになりますと、人間が消えてしまうのです。

人間が阿弥陀如来になることが、阿弥陀如来の名号の言われです。この言われを心にとめて念仏申すなら、人間が消えてしまうのです。人間が消えてしまうことを条件にして、名号の言われを受けとめることができるのです。できたら仏国浄土に行けるのです。

人間が消えたら仏になるのです。仏になったら弥陀の浄土に行けるのです。仏にならない者が浄土に行けるはずがないのです。

仮に浄土に行けたとしても、人間が座る椅子はないのです。人間がいる場所は浄土にはないのです。

念仏申すということは、自分自身が現世において仏になってしまうことを言うのです。仏になってしまうということは、般若波羅蜜多になるのです。ですから、般若波羅蜜多と言っても、念仏申すと言っても同じことです。

自力も他力もありません。ところが、日本の仏教は自力だ、他力だと言って頑張っているのです。日本の仏教はインチキばかりなことを言っているのです。

日蓮は最もインチキです。だから、よく流行るのです。その次に流行るのは、浄土真宗です。親鸞はインチキではなかったのですが、その弟子たちがインチキです。その次に他力が流行っているのですが、これもインチキです。救われるはずがない人間が、救われると言っているからです。

宗教は救われるはずがない人間が救われると言うのです。現世で幸福になることが日蓮宗の目的です。創価学会もそう言っているのです。

現世で幸福になることが創価学会のテーマです。創価学会は公明党という政治団体まで造っているのです。政治団体ならそれをしてもいいのですが、宗教としてはおかしいのです。

皆様がしなければならないことは、本当のことを知ることです。人間が極楽浄土へ行っても仕方がないことを知るのです。極楽には人間がいる場所がないからです。

仏になれば極楽へ行ってもいいのです。極楽に行かなくてもいいのです。なぜなら、今ここにいることが極楽になっているからです。だから、極楽へわざわざ行く必要はないのです。十万億土にある遠い世界へわざわざ行く必要はないのです。

人間は何のために存在しているのかということです。このことをはっきり勉強することが、般若波羅蜜多の第一原理です。これが、神の国を掴まえる原理になるのです。

私というのは何か。皆様は私の本体、実体が分からない状態で、私と言っているのです。私という言葉には実体がないのです。私、自分というのは実体がないのに、私、自分がいると思っているのです。

私というのは第一人称であって、これは人称という意味での私です。ところが、存在という面ではないのです。人称という意味での私はありますが、存在という意味では私はないのです。これがドイツ観念論では分からないのです。

西田哲学でも分からないのです。人間と神とは不連続の連続と言いますけれど、その場合の自分の実体は何かと言うと、分からないのです。

自分と神との関係ということを西田幾多郎氏は述べていますが、この自分は何となく考えている自分です。彼はあやふやな常識の上に立って考察していたのです。

常識は空なるものです。自分がはっきり存在しているものなら、自分は目的はあるはずですし、その目的は実現するはずです。

ところが、自分というものはないのです。概念としてはあるのです。概念は存在とは言えないのです。ただの肉の思いにすぎないのです。

私、自分という場に立って考えることをできるだけやめて頂きたいのです。

私は人称人格です。これは概念としてはありますが、実体としてはないのです。あなたも同様です。これは人称人格としてはあるのです。もし私という人称人格を認めなければ、あなたも彼もいないのです。

私がいることを前提にして、あなた、彼がいるのです。私がすべての人称人格の基礎になっているのです。ところが、私はいないのです。

こういうことは般若心経に述べているのです。五蘊皆空というのはそれを言っているのです。

人間の常識は一切空だと言っているのです。これが五蘊皆空です。

日本人は般若心経を肯定しています。好意的に肯定しています。ところが、般若心経を信じていないのです。こういう愚かなことをしているのです。

仏教のお坊さんが皆同様です。般若心経を非常に肯定していますが、それを商売の材料にするためです。

般若心経を書いて、千円を同封して送りなさいと言っています。般若心経を商売の材料にしていますけれど、自分の命にはしないのです。

般若波羅蜜多、彼岸が分かっているお坊さんは一人もいないのです。だから、般若心経を写経して千円を同封して送れば功徳があると言うのです。

写経をして千円送れば寺の塔が建つのです。奈良のある有名な寺は、写経して千円をつけて送れば、大変なご利益があると言って、七百万人の人から送ってもらって、七十億円儲けたのです。それで塔を建てたのです。塔を建てるのは良いでしょう。それなら、塔を建てるために寄進してくださいと言えばいいのです。ご利益がありますよと言って、般若心経を用いてお金を集めるというやり方がずるいのです。

私はただの人称人格だということを承知して頂きたいのです。皆様が私、自分の人生を解脱するのです。自分を否定しても少しも損をしないのです。

皆様は自分を否定しなさいと言うと、損をするような気がするでしょう。これが騙されている証拠です。自分はいないのです。ただの人称人格です。

人称人格とはどういうものか。人称というのは魂が生活を経験する場合の必要条件になるのです。

私、自分という人称人格がなければ経験ができないのです。経験する位置として、私、自分がいるのです。自分がいるというランクに対する仮称として、自分という人称人格があるのです。これはどこまでも仮称です。

私たちは命を経験するためにこの世に生まれてきたのです。命を経験すると言いますと仰々しく聞こえますが、簡単に言えば生きるためです。生きるというのは命を経験するためです。生きるというのは命を経験するのが目的であって、そのためには、私というポイントがなければ経験の主体が存在しないのです。経験の主体になるものが存在しなければ、経験するという言葉が使えないのです。これはカントの実践理性批判のようになりますけれど、そうなるのです。

経験するために、私とかあなた、彼という言い方ができるのです。しかし、この人称は実在していないのです。人間がこの世に生きるため、生活するための便宜上の称号ですから、私という言い方をやめてしまっても、皆様の実害は全くないのです。

実害がないどころか、とんでもない大きな利益があるのです。私という称号をやめて私を見るのです。私という自我意識をやめて、自分を見ると、すばらしいことが分かるのです。

自我意識を解脱して自分を見ますと、存在としての自分が分かるのです。私としての自分ではなくて、the living の自分が分かるのです。リビングに定冠詞がついた、ザ・リビングが分かるのです。ここに、こうして生きている、この自分の実体の発見ができるのです。これがイエスです。自分ではないのです。そこで、自分が他人になるのです。

理性は魂の本質の一部です。魂は理性だけではありません。理性と良心に従って発生する直感力、推理力、判断力、記憶力、感受性、批判力というものが発生するのです。そういう心理構造全体が人性の本性ですが、人性の本性が肉体的に現われているのです。

こういうすばらしい生き物が何のためにいるのかということです。記憶する、判断する、推理する、直感するという四つの機能があるのです。

聖書はこれを四つの生き物と言っています（ヨハネの黙示録4・7）。実はこれは人間の所有物ではないのです。神が人間に貸しているものです。神が人間に貸すために与えているのです。これが人間の心理機能です。

これ人間に植えられています。その本質はロゴス、神の言《ことば》です。神の言が人性の基礎になっているのです。

言《ことば》は神の能力性の重大な一部になっているのです。聖書に、「初めに言があった。言は神と共にあった。言は神であった。この言は初めに神と共にあった。すべてのものはこれによってできた。できたもののうち、一つとしてこれによらないものはなかった」とあります（ヨハネによる福音書1・1〜3）。

言とは神です。皆様の推理力、判断力、記憶力、直感力は、実は神です。神の機能が皆様の本質、実質になって、皆様の中に宿っているのです。

神の機能が肉体的に生きているのです。自分の本性は神の言であると分かり、それが人間の肉体として現われていることが分かりますと、皆様は私ではないことが分かります。私ではない自己が分かるのです。自我意識ではない自意識の自己が分かるのです。

自意識は人称人格としての客観的な自己を認める意識です。これは私ではないのです。この自己がなければ命を経験する主体にはなりませんから、自己がいるのです。

経験は誰がするのかと言いますと、自意識が経験するのです。記憶とか、推理、判断を誰がするのかと言いますと、自意識がしているのです。これは自分ではないのです。

意識機能の当体となるもの、主体となるものが自意識です。これが皆様にあるのです。これは自分中心、自尊心とは関係がないのです。自尊心には全然関係がないのです。こういう意識があることをまずご承知頂きたいのです。

イエスはこのことを非常に明確に認識していたのです。イエスには自意識はありましたが、自我意識はなかったのです。

イエスは人の子として生きてはいたが、自分としては生きていなかったのです。自分という認識で生きていなかったのです。他分という認識で生きていたのです。自分という状態であるけれど、肉体的に生きている自分が主体となるのではなくて、生きているという事がらが主体になるのです。自分が得をするとか、損をするとか、自分が生きるとか、死ぬとかというものではない。自分という主体性がなかったのです。

生きているという事がらが主体になるのです。生きているという事がらが皆様の実体です。生きているという事がらが、皆様という格好で現われているのです。

これが分かりますと、死なない命が分かるのです。これが分かると大儲けになるのです。生きているという事がらが人になっているのです。これは死なない自分です。

生きているのは固有名詞の自分ではないのです。自我意識は生きている自分ではないのです。自我意識は全世界に二〇二〇年現在で七十六億もありますが、自意識は全世界に一つしかないのです。つまり、全世界に一つの命しかないのです。

地球上にはイエスという人が一人しかいないのです。皆様にこれを分かって頂きたいのです。イエスが死を破ったという事実は、皆様の事実です。イエスが復活したというのは、加藤さんや田中さんの事実です。人のことではないのです。

イエスが復活したのは皆様自身の事実です。これが分かれば、世界の文明は一変するのです。

激変するのです。

神も仏もいらないのです。死なない命に生きていたらいいのです。神や仏がいるような世界で生きているからいけないのです。命そのものが神です。だから、神はいらないのです。生きていたらそれでいいのです。自分が生きていることが神ですから、この他に神も仏もいらないのです。

これを悟ることを仏と言うのです。自分が生きているということが神だということを悟ることが仏です。だから、神も仏も一つなのです。

人間の本当の意識は自意識です。自意識は二つの意識が一つにまとまっているのです。

自意識は自分を意識するのが基本ですけれど、自分を意識しますと、その意識は必然的にあなたを想定するのです。

我を意識すると汝という意識が発生するのです。発生せざるを得ないのです。皆様が自分を感じる時には、他人をも感じているのです。他人を感じないで自分だけを意識することはできないのです。

自意識は自他意識を意味するのです。自我意識というのは肉体的に存在する自分を確認しているのです。この場合でも他人を意識しますけれど、自分を強く意識するのです。

自我意識は主我意識です。自意識の場合には主我にならないのです。自分という意識と他人という意識を平等に認識するのです。

自我意識は絶対主我です。自分のために他人を認めるのです。自我意識と自意識はこういう点が違うのです。

救われるのは誰かということです。救われることはあるのです。救われるというのは、皆様の自意識で救われるのです。

皆様の中の推理力、判断力、記憶力、感受性は、人間から出てくるものではありません。神の心理機能です。神の心理機能が皆様の中にあるということは、皆様が神の子であることを証明しているのです。

そこで、加藤さんとして現われているリビングと、私として現われているリビングとは、リビングの本質は一つですが、性質は違うのです。加藤さんがそれを悟りますと、加藤さんのリビングの性質が違うのです。

加藤さんのリビングというのは、魂そのものの自覚です。魂がそれを自覚しますと、加藤さんとして現われているリビングが完成するのです。

んの経験が完成するのです。経験の完成を救いと言うのです。命を経験したことが完成するのです。

命の経験が目的に達するのです。何のために命を経験するのかと言いますと、目的を達成するためです。目的を達成させるのは神ですから、神を経験するのです。

目的を達成するというのは色々な段階がありますが、幼稚な状態でもいいですから、まず目的を達成させることが必要です。これを救いと言うのです。

そうしますと、神の気持ちがストレートに私に働いていることが分かるのです。これが、私は父の内にいると言ったイエスの心理状態です。父が私におり、私は父にいます。父と私は一つであるとイエスは言っているのです。これがイエスの認識です。

イエスの認識には自我的な自分という認識がなかったのです。全くの自意識でした。こうなると、死はないのです。死を超越しているのです。

ところが、やはり悪魔の思いがあるのです。悪魔がいることは有難いことなのです。悪魔がいなければ励もうという気持ちが起きないし、また、悪魔を押さえ付けようという気持ちがあるから、まっすぐに進んで行けるのです。

「天にまします我らの父よ」と言いますと、自分と神とが別々のように思いますが、これを人間の意識で考えますと、我らの父よと言う時に、その人の中に我らの父よと呼べるような心理状態がその人の心の中にあるのです。その人の心の中に神を父と呼べるような気持ちがあるということは、その人の心の中に神が同居しているのです。

記憶力とか判断力とかいうものは、動物の機能ではないのです。動物は理性的に考察する必要がないのです。また、色々な機械を発明する必要がないのです。ただ生きていたらいいのです。犬でも猫でも、ただ生きるために餌を食べているのです。

犬や猫には理論的に考察する義務はないのです。判断はしますが、ただ食べるための判断をしているのです。どこに餌があるのか、誰が餌をくれるのかということだけを判断しているのです。

これは判断とは言えないのです。これは動物の本能性に付随する行動であって、人間が使ってる推理とか判断という言葉は使えないのです。

直感とか記憶という言葉を人間が使う時には、理性的な働きが伴わなければならないのです。動物は本能のままに動いているのです。クモの子がクモの巣を造りますが、これはクモの子の能力ではないのです。クモの本性が精巧な巣を造るのです。

「天にまします我らの父よ」という言葉を出す時には、自分が生きているという事実について自分が勝手に生きているのではない。神が自分を生かしているのです。

神の命と自分の命が一つの状態になって生きているのです。生きているという形はありますが、自分が生きているのではないのです。これを冷静に考えて、その形はどこから来たのかと言いますと、心理機能と生理機能を与えている源から来たのです。

人間が生きることができる力の源が父です。おやじです。すべての力の源、能力の源は父です。目が見える力の根本は父なる神です。神が一緒にいるから目が見えるのです。自分と神が一緒に生きていますから、目が見えるのです。

天というのは目に見えないことを言うのです。現象的な形で目に見えることを地と言います。天にましますというのは、肉体的には目に見えない状態ですけれども、自分と神とが一緒に生きているという事実です。

この事実がなければ、目が見えるということはないはずです。目で見るという力は神からの能力であって、神が一緒にいなければ目が見えるという力は出てこないのです。

目に見えない状態で神が一緒にいます。ところが、人間は神が一緒にいることを大体忘れているのです。いつも忘れているのです。そこで、御名を崇めさせたまえという祈りをする必要があるのです。

目が見えるのは私の能力ではありません。ところが、目が見えるのです。これは神が私と一緒にいるから目が見えるのです。神が私の中に住んでいるから目が見えるのです。また、私が神の中に住んでいるから見えるのです。

神と私が一緒になっているのです。だから、目が見えるという力が働くのです。ところが、目が見えるのは神からの力であるということを、私はいつも忘れているのです。そこで、御名を崇めるのです。

私は神と一緒にいることをいつも忘れているから、それを思い出すために御名を崇めるのです。そこで、天にまします父なる神を崇めるのです。

御名を崇めさせたまえというのは、あなたが私と一緒にいてくださることをはっきり思い出させてくださいという祈りです。これが御名を崇める祈りです。

自分が生きているのではない。神が自分という格好で生きているということを思い出すことができるのです。

個々の人間にはそれぞれ能力性が違いますが、これはどういうことかと言いますと、それはその人自身を発奮させるための神の処置です。記憶力が鈍いとか、判断力が劣っているとかいうのは、発展途上にあることを示しているのです。さらに発展を促すための神の処置です。皆様にご承知頂きたいことは、全能の神が皆様と一緒に生きているということです。何のために全能の神が皆様と一緒に生きているのか。これには目的があるのです。

皆様は神と一緒に生きているということを自覚しますと、皆様の能力が神の能力であることが分かってくるのです。

一杯のお茶を飲むということでも、自分がしているのではないのです。神がお茶を飲むという能力を人間に与えているのです。そこで、お茶を飲むことができるのです。

お茶を飲むことは神と交わっていることです。霊の交わりになるのです。

性という字は変化するのです。そこで、お茶を飲むことが神と交わっていることだということを自覚することが、本当のセックスになるのです。これがハイクラスのセックスになるのです。

性というのは交わること、交わりを希望することを指しているのであって、男性であること、女性であること、人性であることが、自己を完成するための最も重要なポイントになるのです。

人間は人性です。これは神性から考えますと、女性になるのです。神性は神の性であって、神の性というのは永遠の男性です。

人性は永遠のものではありません。神が本当に分かりますと、男が女になってしまうのです。人性は女性を意味するのです。その最も分かりやすい雛形が目で見ている女性です。男が悟るためのサンプルが女性です。女性の本質です。男はなぜ女性に惚れるのか。男はなぜ女を好きになるかということを、男はよく考える必要があるのです。そうすると、自分の本心が分かるのです。

女が好きになれる男は、必ず女になれる人です。女が好きである男ほど女になりやすい人です。女が好きな男は、大いに見込みがあるのです。

男が女を好きなのは恥ずかしいことではない。大いに結構なことです。昔から英雄色を好むと言います。英雄だけではなくて聖人でも色を好みます。色を好まない者は聖人でも英雄でもないのです。

イエスは最も女が好きな人でした。女が好きだったから女になってしまったのです。だから、イエスには奥さんがなかったのです。

男女の関係ほどすばらしいものはありません。霊に従って男女の関係を見ていきますと、命の本当の秘密が分ってくるのです。

キリスト教は女の説明は全然しません。分からないからです。牧師さんは女が好きなのに嫌いなような格好をしているのです。偽善者です。

男が女に惚れる惚れ方をよくよく勉強していきますと、神が人間の魂に惚れている惚れ方がよく分かるのです。

神が皆様に惚れているのです。それを皆様は何となく分かっているのです。だから、永遠の生命を勉強したいと思うのです。

性というのは非常に尊い経験です。これを勉強することが命の勉強になるのです。命を正しく勉強したら魂が完成するのです。死なない命が見つけられるに決まっているのです。

死なない命を何のために見つけるのか。どうしたら神の国に入れるのか。皆様が生ける神の子であることが分かりますと、皆様は神の国に入れるのです。

皆様の魂は生ける神の子です。生ける神の子とはイエスのことです。イエスは自分のことを、「私は生ける神の子である」と言っています。また、「キリストである」と言っています。

生ける神の子には誰でもなれるのです。ところが、キリストにはなれません。皆様はキリストになる必要がないからです。キリストにはなれませんが、キリストの花嫁になったらいいのです。

キリストの花嫁になることが、全地を治める王になることです。これが皆様が救われる目的です。永遠に宇宙を治める王になるのです。これが皆様の目的です。

ただ天に行って昼寝をするのではない。天に行ったら忙しくなるのです。万物を治めるという大仕事があるからです。

皆様の命が完成されますと、皆様が天地万物の長であることが分かります。これが人間の命の実体です。

人間は万物の長になるために造られたのです。だから、万物を治めなければならないのです。人間の直感、推理、判断の能力はそのためにあるのです。万物を治める王になるためにあるのです。

「世々限りなく王となる」というすばらしい言葉が聖書にあります。パウロは、「極めて大いなる限りなき重き栄光」と言っています。

聖書をよく勉強していきますと、皆様がこの世を去ってからどういう仕事があるのかが分かるのです。皆様がこの世を去ってからこそ、本当の人生があるのです。これを勉強して頂きたいのです。

この世に生きている間はどうでもいいのです。現世での成功や失敗はどうでもいいのです。現世を去ってからが本番です。

イエスは天に行って何をしているのか。復活して何をしているのか。皆様もイエスと同じ仕事をすることになるのです。これを知ることが、人間完成です。

皆様が完成することによって、万物を完成させることができるのです。万物を治めるというのは万物を完成させることです。このことをよくよく弁えて頂きたいのです。

花は咲いています。何のために咲いているのかと言いますと、私はこういう美しさを持っている、これが私の良い所だということを人間に知ってほしいのです。これを人間が認めてあげますと、花は永遠にその栄光を持ち続けることができるのです。

仏典はこれを草木国土悉皆成仏と言っています。仏典はそう言っていますが、草木国土を悉皆成仏させる方法がないのです。

聖書を勉強したら分かるのです。花が咲いているのを人間が認めてやると、それが永遠のものになるのです。

皆様自身が永遠の命が分かれば、花を永遠のものにあげられるのです。皆様が永遠の命を獲得すれば、皆様が今まで食べた牛や豚、魚、果物、穀物、野菜が皆成仏するのです。

皆様が完成しなければ、皆様が食べた物が皆呪うことになるのです。これが地獄の裁きです。皆様は牛、豚、魚や穀物、果物に、食べるだけの資格があって食べたということを、知らせてあげなければいけないのです。

草木国土悉皆成仏させるために、まず皆様自身が成道、成仏しなければならないのです。成道するとは仏になるということです。仏になるというのは女になるということです。本当の女が本当の仏です。これを分かって頂きたいのです。

なぜ男が女に惚れるのか。男は女が仏であることが分かるからです。だから、男は女に触りたいのです。仏でなかったら女を触ることがないのです。

男が女に惚れるから女が男に惚れるのです。惚れ方としては、女が男に惚れる方が真剣です。男が女に惚れるのは、テストケースです。女が男に惚れるのは本気です。

女は人間の雛形です。人間が神に惚れたら、とことん惚れるのです。そういう惚れ方をするのです。

男と女が惚れる究極の目的は何かと言いますと、男と女が完全に一つになるためです。そうすると、完成された人格になるのです。

皆様は究極的に万物を治める宇宙の王となることが希望です。これは皆様の希望ではなくて、神の希望です。神は皆様を自分と同じようなものにしようと考えているのです。そうして、自分と同じ仕事をさせようと考えているのです。

これはイエスによって発見されたのです。これは人間ではなくて、神の祭司になるのです。この世を去ってからの皆様の仕事は、王なる祭司の仕事が待っているのです。これは大変な身分です。

皆様は王という仕事と祭司という仕事と両方をするのです。万物に対しては王になるのです。神に対しては祭司になるのです。これがこの世を去った後の皆様の仕事です。

この世の自分は死んでいきますが、自分の本体は死なないのです。人間の認識、信念、信仰というものは、電気釜で焼いても灰にはならないのです。これが人間の霊です。

霊が人間の実体です。肉体は滅びるに決まっています。霊を完成したらいいのです。

キリストは復活しています。死んだのではないのです。復活した以上、どこかにいます。どこにいるのかと言いますと、第三の天にいるのです（コリント人への手紙12・2）。

イエスは復活した状態で第三の天にいるのです。やがて、地上に降りてきます。復活したことを証明するために、イエス・キリストは再び来たるのです。

イエスは「しかり、私はすぐに来る」と言っています（ヨハネの黙示録22・20）。新約聖書にはイエス・キリストが再び来るということを、三百十二回も書いているのですが、このことをカトリックでは言いません。プロテスタントの教会も取り上げません。

もしイエス・キリストが再びやって来たら、教会の腐敗、堕落を徹底的に追求されるでしょう。ローマ法王が第一の槍玉に上げられるでしょう。だから、キリスト教会では、イエス・キリストが再臨するということを言わないのです。言ったら困るからです。

一人の人が本当のキリストを受け入れて、永遠の生命を獲得されると、その栄光が働き出すのです。その影響は莫大なもの、甚大なものがあるのです。

皆様は自分一人が勉強していると思っているからいけないのです。

やがて、イエス・キリストの再臨が実現します。それほど遠くない時に実現するでしょう。ユダヤ人がイエス・キリストを受け入れたら、再臨が実現するのです。

再臨は、空中再臨と地上再臨と二段構えになるようです。これは聖書を詳しく勉強したら分かるのです。

キリストが再臨したら、地球上に千年間の絶対平和の時が訪れます。地球上に、台風、洪水、地震、津波、旱魃などの自然災害が全くない状態がきます。伝染病も病気もない、犯罪もない世界が現われます。

　これが人間文明の完成です。病気がなくなりますし、老化もしませんから、人間の寿命が約千年になるのです。こういう世界が必ず実現するのです。

4. 十句観音経

十句観音経に観世音南無仏、朝念観世音、暮念観世音とありますが、これは結果論のようなことを言っているのです。

人間はそうすべきであるという言い方をしているのです。ところが、なぜ人間はそうすべきであるのかという原因が分からないのです。

仏教は現実の人間を基礎にして、ああすべきだ、こうすべきだと考えるのです。ところが、現実の人間の根源が、仏教では説明のしようがないのです。

法華経でいう唱名と他力本願の唱名とでは違います。他力本願の唱名は阿弥陀経の唱名を言いますが、普門品の唱名は観世音の唱名を言うのです。

観世音は仏教では仏の名前だと言います。仏の名前とはどういうことなのか。仏がなぜそういう名前を持っているのかということになりますと、仏教では分からないのです。

観世音というのは世音を見ることです。世音を見るという非常に重大な名前を仏さんは持っているのですが、世音ということがどういうことなのか、見るということはどういうことなのかが分からないままで鵜呑みにしているのです。そこで、仏様を偶像にしてしまうのです。

本来仏様は偶像ではないのですが、偶像のようにしてしまっているのです。仏典を字面だけで説明しているのですから、そうなってしまうのです。

観世音というのは世音を見るということです。世音を見るとはどういうことなのか。世音は実質がどういうものかということです。これが分からないのです。

仏教の原点は、この世の中がこんな格好であるものだということを鵜呑みにしているのです。すべてが法の現われだと言っているのです。

ところが、法という字は、宇宙原理という意味と、宇宙の本質が法であるという意味があるのです。法が今の宇宙として現われていると言うのです。また、皆様の中にある精神の本質が法であるという見方もあるのです。

宇宙を宇宙たらしめているものが、人間の精神として現われているという見方があるのです。これはなかなか良い見方です。

世音と言っても、世という文字、音という文字をなぜ使うのかということです。これについての具体的な説明、実体的な説明が仏教ではできないのです。

仏という文字でも説明ができないのです。仏とは何かについて道歌では、「仏とは誰が言いにけん白玉の　糸のもつれのほとけなりける」という説明はするのですが、その本当の意味がはっきり分からないのです。

仏教には原点がないのです。寄って立つべき形、姿、基本の法則がないのです。掟がないのです。

空だと言うのですが、空というのは実なるものを現わすために形として現わしているのです。実なるものを現わすために空なるものがあるのです。これが色です。

なぜ色という形で現われたのか。人間が成仏したとして、その目的論的なものがどうなるのか。こういう説明が仏教には一切ないのです。

仏が仏であることを認定したのは誰なのか。仏が仏であると認定したから仏になっているのです。それを誰が認定したのか。これが分からないのです。

キリスト教でも神と言いますが、神が神であることの絶対的な原理がどこにあるのか。この説明がキリスト教ではできないのです。

だから、宗教は困ったものなのです。全くばらばらの観念ばかりを並べているのです。

皆様は日本人なので、仏教観念に馴染んでいるのです。皆様は聖書を勉強していますが、大体、聖書というものはないのです。聖書の本当の実体というのは皆様自身です。

皆様が生きているということが、聖書です。皆様が生きているという実体があります。聖書だけ見ていたのでは、人間存在の説明ができないのです。また、聖書を読むためには、人間存在の実体を究明するという立場でなければ、聖書は分からないのです。

鈴木大拙は、「悟りは本人の主観によって成立する」と言っているのです。だから、この悟りは良い、この悟りは悪いと論ずべきものではないと言うのです。これが日本の禅の非常に悪い点です。ですから、自然に野狐禅になってしまうのです。

自分は悟ったと考えてしまうのです。悟った以上、それが良いかどうかをお師家さんが検定するのですが、検定するお師家さんが勝手に悟っているのです。そうして座っていると、おまえは良しと言われるのです。

ところが、本当に良いのかどうか分からないのです。仏が何か分からないからです。悟ったと言っても、何を悟ることが正しい悟りなのか、それを規定する概念がないのです。同じ禅でも、臨済は臨済の禅を造っている。ところが、臨済の禅は曹洞禅では通用しないのです。曹洞宗で悟ったと言っても、臨済宗では相手にしないのです。宗教はこういうことをしているのです。困ったものです。ある宗派は他の宗派をぼろくそに言っているのです。日蓮宗の人々は日蓮を唯一最高の教師として祀り上げているのです。

日蓮宗の人々は日蓮を批判することが許されないので、神聖にして犯すべからずの存在になってしまっているのです。

仏教はお祖師さんが決定的な大先生になっているのです。その人のことをあれこれ批判するとか、その人の業績を調べることをしてはいけないのです。だから、全く偶像崇拝になってしまうのです。

皆様はこういう国に生まれたのです。だから、本当のことは分からないのです。なぜそうなるかと言うと、仏教が本当のことを説いていないからです。

悟りは本人が悟ったものだから、あれこれ言ってはいけないと押さえ込んでしまっているのです。

ある人が悟る。それを師家が聞いて、悟りの心境について述べよと言うのです。何でもいいから、その時その人が感じている文句を述べるのです。人が作った文句でもいいし、自分が作った文句でもいいのです。これが偈になるのです。偈を述べた者は悟りを開いた者として扱われることになるのです。

何も悟っていないのです。ただ自分の観念の偈を述べただけのことです。こういうことがお坊さんになる資格になっているのです。

最近は学校で何年間、曹洞宗で何年間という経歴が、お坊さんの資格を決定するのです。その人の命がどうであるのか。どういう知恵をどのように持っているのかということはどうでもいいのです。どういう経歴を経てきたか、寺に何年いたか、学校で何年勉強したかだけが取り上げられるのです。

いいかげんなものです。こんな状態で人間の魂が分かるはずがないのです。今のお坊さんに観世音が分かっていないのです。分からないままに観音経を読んでいるのです。

仏教というのは相対の世界において論じているのです。死んでいく人間を認めている世界、善悪利害が存在する世界は相対の世界です。相対の世界を仏教は認めているのです。

仏教には絶対の世界がないのです。こういうことを皆様はよく考えて頂きたい。自分たちが育ってきた家庭、社会が全く不定見の家庭、社会でした。

皆様が学校へ行っていた時でも、その学校は専門学的な学識を認めて教育してきたのです。だから、皆様には絶対が全く分かっていないのです。

あれよりもこれが良いとか、これよりもあれが良いとか比較検討ばかりをしていたのです。善悪利害がお互いに対立している世界にいたのです。こういうものは本当の命と言えるものではないのです。

皆様はただ生活してきただけのことです。こういう根本的な欠点をよく理解して頂きたいのです。

日本人の世界観はひどいものです。目に見えている人間が存在していると考えているのです。目に見える人間が存在すると考えていながら般若心経を読んでいるのです。

これはどういうことでしょうか。般若心経を読むのでしたら目に見えている人間はいないと考えるはずです。目に見えている人間がいないということがはっきり分かっていないにしても、自分はどうもいないのではないかと考えるはずです。

般若心経は目に見えている人間はいないということが、せめて分っているくらいでなかったら、般若心経を読んでいるとは言えないのです。

本当の空が分からなくてもいいのです。自分が生きているという感覚が、どうも間違っているらしいという気持ちがなければ、般若心経を読んでいるとは言えないのです。

日本人で一番困ることは、この世ができたことが分からないということです。この世がなぜできているのかということです。これに対する説明が日本人にはできないのです。

観世音と言いますが、世音というのは一体何なのか。何が世音なのか分からないのです。

十句観音経には次のようにあります。

「観世音　南無仏
与仏有因　与仏有縁
仏法僧縁　常楽我浄
朝念観世音　暮念観世音
念念従心起　念念不離心」

この意味を簡単に言いますと、観世音菩薩に帰依いたします。仏に帰依いたします。私どもは仏と同じ因、仏と同じ縁を持った世界に生きております。そしてそれは、仏、法、僧の三宝と一つにつながっている世界です。

この世界は、常、楽、我、浄の理想世界です。朝に観世音菩薩を念じ、夕べに観世音菩薩を念じます。その一念一念はすべて悟りの世界から起こったものであり、悟りの世界を離れたものは何一つありません。

仏教信者はこの一句一句の意味が分らないままに、空念仏のようの唱えているのです。ただ念仏ばかりを唱えているのです。仏とは何か。ナムアミダブツを唱えても、ナムアミダブツとは何のことか、南無観世音と言っても、観世音とは何かということさえも分からないままで、念仏を唱えているのです。

日本の仏教信者はお坊さんにばかにされているのです。衆生は分からないものだから、お賽銭さえあげてくれればいいと考えているのです。全くばかにされているのです。

一般大衆に仏とは何か、命とは何かということを尋ね求める真面目な気持ちがあれば、日本の仏教はこんなに堕落しなかったでしょう。ただ寺へ行ってお金をあげるだけです。

仏教信者は仏教に何の期待も持っていないから、質問しようとしないのです。学校の生徒は先生に期待を持っているから、先生に質問をするのです。仏教信者はお金を持って寺へ行くだけです。それだけです。自分の魂のことは一切勉強しなくてもいいと考えているのです。だから、お坊さんは全然勉強しないのです。

こういう怠け坊主を造ったのは、日本全体の民衆です。民衆が人生を考えていないのです。だから、仏教が腐ってしまったのです。ただ偶像を拝むだけの宗教になっているのです。

仏像は偶像教ではないのですが、偶像教のようにしてしまっているのです。この仏像は鎌倉時代の作だとか、作者は誰だとか、相が良いとか悪いとかいうことばかりを言っているのです。

私がお話ししようとしているのは、相対の世界ではなくて絶対の世界です。皆様の本心は無意識に絶対の世界を求めているのです。

日本には絶対の世界がないのです。日本人は花を活けます。なぜ花を活けるのかが分かっていないのです。花の活け方が良いか悪いかは考えます。それは格好だけを問題にしているのです。心は何もないのです。

皆様はやがて早いか遅いかはありますが、この世を去らなければならないのです。この世を去ったら、宗教も学問もない世界に行くのです。そうすると、人間の理屈は一切通用しなくなるのです。

皆様は現世でただ生活をしていただけです。全然勉強していないのです。死んだらどうなるのか。皆様の精神は凍結してしまうのです。生きている間は人間の常識でごまかせますが、精神が凍結していますからごまかせないのです。そうすると、五官が一切働かなくなるのです。これが死です。

私は人間の本質、霊魂の本質、神の本質を中心にして話しているのですから、皆様はそういうことを歓迎されないでしょう。もっと幸せになるような話を聞きたいのでしょう。こういう点が私と皆様とがすれ違っている原因です。

皆様は本当の幸せをご存じないようです。本当の幸せというのは何か。人間存在の本質が理解されなければ、本当の幸せは分からないのです。

キリスト教では本当の幸せが分かっていないのです。どんなキリスト教の教会でも、人間が幸せになるということばかり言っているのです。神様がいかに愛のお方であるか、人間が神様を信じるとどれだけ幸せになるのかということばかりを言っているのです。

私はそれを言わないのです。今の人間は死ぬために生きているのです。キリスト教とは全然違うのです。死ぬために生きている今の人間が幸せになるはずがないのです。

キリスト教会で、般若心経を勉強している所はどこにもありません。実は般若心経が分からなければ、キリストの福音が信じられるはずがないのです。ところが、キリスト教の人々はキリストを信じているつもりでいるのです。般若心経の正しい理解なしにキリスト教を信じているのです。これは神をばかにしていることになるのです。

キリスト教の人々は神の実体が分からないのに神がいると言うのです。キリスト教的な考えで言えば、そういうことも言えるのです。

宗教はすべて情報です。宗教の教えは全部情報です。宗教の伝統を踏まえて、宗教の情報が成り立っているのです。

皆様は自分の本体をはっきり理解しないままの状態で生活している自分を、自分だと考えているのです。これが人間の弱点です。

これは死んでいる人間を指しているのです。生活している人間は死ぬに決まっている人間です。

聖書は「死んでいる者に生活を与えている」と書いています（ローマ人への手紙4・17）。日本語の聖書では、「死人を生かし」となっていますが、英語では、「gives life to the dead」となっています。これは死んでいる者に生活を与えていると訳すべきです。

魂が死んでいる者に、形態だけは生きているようにさせているのです。魂が死んでいる者に、状態だけは生きているようにさせているのです。

こういうことがキリスト教では全く分からないのです。キリスト教は肉の人間におべっかをしているのです。これはキリスト教だけではありません。どんな宗教も同じです。肉体的に生きている人間におべっかをしているのです。

キリスト教や仏教で言っていることは、死んだら一切通用しません。私は死んだ後のことを考えて言っているのです。死んでからのことを考えて発言しようと思いますと、現在のことが正しく分からなければいけないのです。

人間は生まれる前にどこかにいたのです。そこから、現世に出てきたのです。そうして、死んでいくのです。死んだら生まれる前の所へ帰らなければならないのですが、生まれる前のことが分からない人は、生まれる前に帰ることができないのです。そこで、迷ってしまうのです。四谷怪談のようなことになるのです。

人間はばかなものです。本当の命のことを知ろうと思えば、キリスト教や仏教ではだめです。宗教は人間の常識に合致した理屈を言うのです。常識で聞けば宗教の理屈の方が分かりやすいのです。その代わりに死んだら一切役に立ちません。

現世に生きている間は宗教の理屈は通用するのです。死んだら通用しません。命が分かっていないからです。

現世で命のことを知ろうと思ったら、人間の常識を忘れてしまうくらいの度胸がいるのです。人間の常識がなければ商売ができませんし、電話をかけることもできません。電車にもバスにも乗れません。

　常識がなければバスの切符を買うこともできません。生活上の利便性から考えますと、常識は絶対に必要です。だから、現世で常識を使いこなすことは必要です。

　ところが、常識は魂のことではないのです。魂というのは今生きているということです。今生きていることを信じないで何を信じるのでしょうか。

　女の人は何かに頼らなければ生きていけないのです。これは人間の端的なあり方の実体です。突き詰めた人間の実体は、女になって現われているのです。

　人間は死ぬに決まっているのです。死ぬに決まっているということは、人間が人間である範囲の中では、自分の魂の問題は分からないのです。人間の常識や知識では、魂のことは分からないのです。だから、何かに頼ろうとするのです。神仏に頼らずにはおれないのです。これが人間です。この状態がはっきり現われているのが女です。

　人間は死ぬに決まっているのです。だから、何かに頼らずにはいられないのです。金に頼るか、名誉に頼るか、自分の理屈に頼るか、健康に頼るか、財産に頼るか、何をしても結局、死んでしまうのです。だから、何かに頼らなければならないのです。

　女性の心理状態がその端的な現われです。女性は何かに頼ろうとするのです。こういうことを女性は感じているはずです。

　女性は男に頼らなければ生きていけないと思っているのです。そう思っていながら、他方で男に頼りたくないと思っているのです。女が男をそのように造ってしまったからです。自分が頼らなければならない男を、頼れない男にしてしまったのです。

女は男を求めている。しかし、男に頼れないのです。人間は神を求めている。しかし、神に頼れない。なぜでしょうか。

この世に生きている人間を廃業したいというくらいの勇気がいるのです。この世に生きている自分を見切ってしまうくらいの勇気がある人が、聖書を信じられるのです。これが狭き門です。

この世に生きている自分を見切ってしまうというのが、本当の勇気です。この世に生きてる自分を可愛がっている人は迷っている人です。こういう人間を般若心経は認めていないのです。

般若心経を認めると、この世に生きている自分を認めないことになるのです。皆様は般若心経を認めますか、それとも、この世の自分を認めますか。どちらでも好きなようにしたらいいのです。

皆様から見ると、私が言うことが難しく訳が分からないということになるのです。

宗教ではないということはこういうことになるのです。私は本当の命を掴まえたいという方には、徹底的にお話ししたいと思っているのです。

仏説阿弥陀経には、阿弥陀如来の名号のいわれを心にとめて念仏申すなら、阿弥陀如来が迎えにきて下さると言っているのです。ところが、日本の他力本願では、阿弥陀如来の名号のいわれを心にとめるということができないのです。

阿弥陀如来の名号を一切教えていないのです。ただ名号を唱えているだけなのです。名号を教えていないのです。これが日本の仏教です。

今の女性は男が信用できないのに、男に寄り頼もうと思っているのです。男が信用できないことを知っているのです。知っていながら信用しない訳にはいかないのです。

なぜそういうことになるのか。女性が男に寄り頼むということは間違っていないのです。ところが、男の何に寄り頼むのかということが女に分からないのです。

女は男と結婚しますけれど、自分自身を男に任すという気持ちはないのです。ないけれども世間の人が皆結婚しますので、結婚するのです。

女の人はよく考えて頂きたいのです。男に寄り頼むのはいいのですが、男の何に寄り頼むのか、男のどこを掴まえたらいいのかということです。これが分からないから、世界中の女性は皆不幸になってしまうのです。

男の掴まえ所が間違っているのです。女の本性をよくよく考えるといいのです。女の人自身の中をじっと見るのです。そうすると、女の本性は、男と結婚することではないことが分かるのです。

本当に女が狙っているのは世間並の男ではないのです。世間並の男に体を任せますけれど、心は任さないのです。だから、男から見ると、女は本当に片意地なものだと思えるのです。強情だと見えるのです。

強情ではないのです。女は世間並の男では心の底から頼ることはできないのです。世間並の女は、結婚した男の言うことを聞かされて、男の便利なように扱われるだけです。

女の人の本当の望みを今の男は知らないのです。それが分かると、現在の男は呑気に構えてはいられないのです。私は主人だと言っていられなくなるのです。

女の人がしっかりすると男ももっとしっかりするのです。現在の男は全くばかです。女を性欲の対象だと思って見ているからです。こういう見方が現在の男の通有性です。

こういう愚かな男に誰がしたのかというと女自身がしたのです。女は男に頼っているのですが、男のどこに頼るのか、男の何に頼っているかです。女と男とはどこが違うのか。女は男のどこを狙えばいいのかを女が分かれば、男自身の考えも変わってくるのです。そうすると、男は男自身が持っているものに気が付くようになるのです。

女自身が男の何を狙っているかについて気が付いていないのです。生活の方便だけを考えて、男の人を利用しているだけです。こういう感覚の女が非常に多いのです。

この世に生きている間はそれでもいいのです。生活するということのために、男を利用したらいいのです。ところが、自分の魂のことを考えなければならないのです。女の人は男の人よりも魂のことを真剣に考えているはずです。

女の人は男の何を狙えばいいのかです。男のどういう所を信頼したらいいのか。現世に生きていることも大事なことですが、人間の命は現世だけで終わるものではないのです。これを女の人は直感しているのです。

人間の命は現世だけではないということを考えると、現世だけで頼りになる男は限界があるのです。家があるとか、車があるというのは現世のことです。これではだめだということが女に分かっているのです。

そうしたら、男のどこを狙えばいいのか。どういう男を狙えばいいのかということです。女の人がこういうことをしっかり勉強しないので、現在のような男性でも威張っていられるのです。亭主関白が成り立っているのです。

女の人が真面目に考えないということは、男にとっても大変な損失です。女の人はもちろん損ですが、男にとっても損失です。

人間は生きていながら神を経験しているのです。神というのは命ですから、命を人間が経験しているということは、神を経験しているということです。

人間はリビングを経験しているのです。五官の働きがリビングです。五官の働きによって人間のリビングは成り立っています。

五官の働きは先天的なものです。生まれる前からのものです。人格の働きが生きていることです。人格が肉体的に働くと五官になります。精神的には理性と良心です。これが人間の人格です。

人格が肉の本体です。目が見えるとか、お腹がすくとかいうことは肉体の働きですが、これも人格の表現形式です。人格には生理的な面と心理的な面とがあるのです。これが人間です。こういう方法で私たちは命を経験しているのです。

人間の実体が神です。人間は生まれる前に神と一緒にいたのです。このことによって人間の本性には神の本性が移っているのです。

人間の本性と神の本性は同じものです。人間は神の生き写しです。これが人間の人格です。男は感が鈍いから自分の本質が分からないのです。男のハートが女になっているから、女の人の方が鋭いのです。だから、女の方がセンスが正しいし鋭いのです。正確であるとも言えるのです。ハートが目覚めるとマインドの働きが変わってくる。女性が目覚めると男性のマインドの働きが変わってくるのです。だから、女性の目覚めが大切なのです。

人間の人格を強調しますと宗教は困るのです。宗教は人格のことを言わないで、黙って信じなさいと言うのです。黙って服従することを宗教は要求するのです。

ところが、聖書の本当の意味は、人間の本質が神の本質と同じであると言っているのです。神の人格と人間の人格とが同じであると言っているのです。だから、人格的に神を受け入れること、また、神の中へ人格的に入っていくことが、本当の聖書の見方です。

キリスト教ではこれを言わないのです。キリスト教では神の人格が分からないのです。神の人格と人間の人格の関係が分からないのです。

神は偉いものだと思っているのです。人間は低いものだと思っている。

ヨハネの第一の手紙に次のようにあります。

「初めからあったもの、私たちが聞いたもの、目で見たもの、よく見て手で触ったもの、すなわち、いのちの言について」とあります（1・1）。

耳で聞いて、目で見て、よく見て手で触ったものとあります。よく見てとは、文語訳ではつらつら見てとなっています。

目で見てという言葉がつらつら見てとなっています。ただ目で見るのではなくて、つらつら見るのです。つらつら見ると観ということが起きてくるのです。これができるかできないかによって、皆様の魂の目が開くか開かないかの決め手になるのです。

凡人と凡人ではないのとはどこが違うのかと言いますと、凡というのは肉体感覚しか感じないように、自分で思い込んでいることです。

非凡というのは、肉体感覚で感じることが、そのまま霊的なものとして受け止められる感覚です。音楽を見る感覚です。絵を聞く感覚です。

音楽を見るということが世音を見ることと共通するのです。これは観世音に対する基本的な感覚になるのです。

理論的に勉強するのはたやすいのですが、その世界へ入って行くができないのです。

音楽の味を体で掴まえるのです。絵の味を体で知るのです。そうすると、絵を味わうことになるのです。観世音ということは、人間が飲んだり食べたりしていることが、音です。おいしいと感じたことを自分の魂で受けとめるのです。

口でおいしく食べた物を自分の魂の救いになるように受けとめるのです。これが難しいのです。これが体得ということです。

誰でもおいしいということとか、美しいということは経験します。おいしいとか美しいとかいうことが、人間の魂にどのように結びついていくのかということです。これを経験するだけではなくて、生活で実行するのです。そうすると、目に見えないものが見えてくるのです。神が見えてくるのです。

十句観音経の第一句が観世音です。南無仏が第二句になっています。与仏有因が第三句です。与仏有縁が第四句です。第五句に仏法僧縁という言葉があります。

与仏有因、与仏有縁というのはどういうことか。与とは与えるという意味です。与仏というのは仏と一緒に、仏と共にということです。仏においてとか、仏によってという意味です。

与仏有因というのは、人間が生きているということの本質は、理という霊《たま》なることが、魂として肉体的に生きているのです。理というのは言ということです。

理と言は同じことです。ギリシャ語でロゴスと言います。理性の理と言葉の言は同じ意味です。これは古代のギリシャ語のロゴスになるのです。

ロゴスという単語と仏というのは非常に近い意味を持っているのです。聖書で言いますと、「初めに言があった。言は神と共にあった。言は神であった」とあります（ヨハネによる福音書１・１）。

この言は理性の本源です。神と共にあったとあります。神と言は同じものだと言ってもいいくらいのものです。

言が皆様の理性の原理です。人間は理性によって生きているのです。これが観世音の原則的な悟りになるのです。

人間が生きているのはどういうことか。ただ人間は生きているのではないのです。理性で生きているのです。そのあり方を法と言うのです。

仏法僧縁とありますが、仏法僧というのはお坊さんのことではないのです。仏と法が一緒にいることを僧と言うのです。縁というのは寄り集まっているという意味です。仏と法とがお互いに寄り集まっているのが仏法僧縁です。これが皆様の本当の人生の状態です。

大乗仏教では、仏というのは神とほとんど同じ意味を持たせているのです。釈尊の悟りの中には仏という思想はありません。釈尊が見た明けの明星には仏があるのです。

釈尊が見た明けの明星は、仏の明星を言っているのです。釈尊は明けの明星という格好で仏を見たのです。やがて、仏の世界がやってくることを直感したのです。

明けの明星の次に出るのは太陽です。明けの明星を見たことは、太陽の先走りを見たのです。

太陽の先走りを見たということは、本物を見たのと同じ意味を持っているのです。皆様にもこれを分かって頂きたいと思います。

そこで、太陽が出るまでの自分の生活は、空だということが分かったのです。皆様が今生きているのは空です。私がこうして話していますが、これは空です。

理性が人間の心理機能の中心になっているのです。理というのは言と同じ意味であって、法と同じ意味です。理と法とは同じものです。

与仏有因というのは、仏において原因があると言うのです。人間が生きているということは、仏において原因があるのです、人間はただ生きているのではない。

与仏有縁というのは、仏と一緒に縁があるのです。仏を掴まえることができるような縁があると言っているのです。

第五句が仏法僧縁です。法と理とは同じです。これはどういうことかと言いますと、法は仏に到る可能性を言うのです。

人間の理性は永遠の命を掴まえる可能性を言うのです。そこで、皆様は観世音にならなければいけないのです。

人間の理性とは何か。天地創造の原理がそのまま人間の理性に植え込まれているのです。いつ植え込まれたのかと言いますと、皆様が生まれる前に植え込まれたのです。

これは皆様が知ろうと知るまいと、信じようと信じまいと、理性を中心にしなければ生きていけないのです。理性は皆様が生まれる前に植えられたのです。

十句観音経の場合、仏という言葉は絶対最高の人格として扱っているのです。大日如来、阿弥陀如来の場合に仏を用いると、絶対最高の人格のようになるのです。これは聖書の神とよく似た所があるのです。与仏有因の場合は、聖書の神の絶対性の一部を仏としているのです。

現在の世界が存在することの原質のようなものを仏としているのです。大乗仏教の哲学がそのような教義を造ったのです。釈尊はそういうことを考えていたのではないようですが、キリスト教がインドに伝播されて、キリスト教の教義が仏教に入り込んで、神という思想が仏という思想になったようです。

龍樹菩薩がそういう思想を造ったようです。釈尊自身はそんなことを考えていなかったようです。観世音という思想の中には、龍樹の思想が非常に深く入っているのではないかと思われるのです。

三部経の終わりの方には、龍樹菩薩が有難いと言って賛美する言葉が述べられているのです。龍樹菩薩をなぜ有難がるのか。これはインドへ来たキリスト教の伝道者と非常に親密になったためです。そのために、キリスト教の教義が仏教の中へ紛れ込んだのです。そのために、大乗仏教が少々おかしなものになってしまったのです。

本当は釈尊の一切空という悟りが一番重要なのです。仏の境地を自分の境地として見るためには、自分自身が空にならなければだめなのです。これが本当の仏法です。

仏の境地に入るためには、自分自身を空じなければならないのです。これは良い思想です。これを聖書で見ますと、悔い改めて福音を信ぜよということになるのです。

これが釈尊の思想です。悔い改めるということは一切空になることです。人間が常識で物事を判断する気持ちから出てしまうことです。凡人の気持ちから出てしまって、非凡人の気持ちになろうとすることです。

仏というのは理性の根源のようなものであって、天地宇宙は理論的に言いますと、一つの理路整然たる世界です。理工学という学はここからきているのです。

人間は理性があるのですが、これを肉体存在という立場からだけ考えますと、専門学ができるのです。科学、医学という学問、工学という考え方はすべて理に基づいているのです。これは目に見える形が存在するという理に基づいているのです。これが専門学です。

これは肉体的にという限定された考え方です。しかし、肉体的にだけではなくて、霊的に考える、命の中心の思想として考えることが必要です。

解析の理論を命の中心として考えるとどうなるのか。科学の理論を命として取り扱うとどうなるのか。

理はなぜあるのか。仏によって原因があると言っているのです。人間がこうして生まれてきたことは、仏において原因があるのです。与仏有因です。

人間がこの世に生まれたということは、絶対最高の理論から生まれてきていると言っているのです。人間は自分が生まれたいと思って生まれたのではない。仏において原因があるのです。そこで、人間は理性を持って生きているのです。

理性の本質は仏と同じものです。人間が理性で生きているということは、仏によって生きているという意味になるのです。

理性の理は法にも通じるのです。法というのは仏になる可能性を言うのです。理性は神を認識する可能性を意味するのです。

理性によって神が分かったと早合点してはいけないのです。

神と仏との関係を言いますと、神は仏ではないのです。仏は人間の側から見た神です。人間の側から見た絶対者が仏です。

人間の側から見た絶対者と宇宙から見た絶対者とがあるのです。仏法はすべて人間の側から見た説明です。人間の側から見た絶対者しか説明できないのです。

だから、仏教では本当の神が分からないのです。また、本当の仏も分からないのです。宇宙から見た仏、宇宙的な仏とはどういうものかが仏教では説明できないのです。

経典に書いています。法華経の第一品、第二品、第三品当たりには、たくさんの仏が集まって大会議をしていると書いています。須彌山という山に仏が集まって大会議をしているのです。大会議のあり方がそのまま大自然に現われていると説明しているのです。

仏典を読むのは聖書よりはるかに難しいのです。何を言っているかさっぱり分からない所があるのです。

宇宙から見た仏、宇宙から見た神の説明が仏教ではできないのです。仏教はすべて人間の思想です。観世音は人間の側からこの世を見ているのです。

理は法と同じ意味であって、人間に理性が与えられているということは、当然仏を捉えなければならない責任があるのです。与仏有因、仏に基づいて人間はあるのだから、人間が生活すること、人間が存在することは仏に原因があるのです。

与仏有因というのは、人間が生活していることを言うのです。現実は縁です。今日は今日という縁です。明日は明日という縁です。時間とか空間というものは、仏と人間とを付き合わせる縁になっている。そこで、与仏有縁となるのです。

人間は仏によって生きている。これが与仏有因です。生活していることもまた、仏によるのです。人間が存在することも仏、生きていることも仏によるのです。

人間は理性によって生きていることを考えても、また、現実に生活しているという在り方を考えても、当然人間は仏に帰るべきであると言っているのです。これが観音さんの狙いです。

仏法僧縁というのは仏があるから法があるのです。法は仏を掴まえる可能性を言うのです。僧は人間が生きている姿、形の根本が仏です。これを聖書で言いますと、人間は神にかたどりて、神のかたちのように造られたということになるのです。

人間は神にかたどりて、神の形のように生きているのです。人間は神によって造られて、神に到るべき理性を持っている。仏と言えるものと、法と言えるものとが一緒になっている。これが僧です。

仏法僧というのは、仏と法とが人間という格好になって現われているのです。お坊さんというのは、仏と法とによって生きている人間を言うのです。

これは凡人ではないのです。ただ世間に生きている人間ではないのです。仏と法とが人間という格好で現われているのです。これが僧です。仏法僧というのは、仏と法と人間が一つになって生きている状態を言うのです。

仏法僧縁というのは、現実に生きている姿を言うのです。これが縁です。仏法僧縁というのは、人間が生きているということは、生まれる前の仏と、この世に生まれる前の神と、生まれた後の人間の理性とが一緒に生きている。これが僧です。

この世に生きている人間は、自分が生まれたいと思って生まれたのではない。また、自分の力だけで生きているものでもない。

大体、この世に生まれてきた人間は仏です。生きている姿は法にあるのだ。仏と法とが一つになって人間になっている。これが人間です。

だから、人間存在に基づいて考えれば、観世音できるのが当たり前です。観世音しなければならないのが、人間の責任であると言っているのです。

人間は宇宙のために生まれてきた。神のために生まれてきたのです。仏のために生まれてきたのです。今こうして生きているのも生活するためではない。魂の目を開いて万物を済度する。一切衆生を済度する。草木国土を成仏させる。万物を悉く成仏させるために人間は生きているのです。このことを心得ることを仏法僧縁と言うのです。

こういうことを心得て生きていれば、この世の中はとこしえに楽しく、浄い理想世界です。ですから、朝も夕べも一日中観世音を念じることができるのです。従って、朝念観世音、暮念観世音と自然に念じることができるのです。これが常楽我浄です。そのまま死なない世界に生きているのです。

この一念、一念は、すべて生まれてくる前の世界を生きていることにおいて起こってくることであり、生まれてくる前の世界を離れていないのです。従って、念念従心起、念念不離心ということになるのです。

私たちは自分のために生きているのではないのです。天地万物のために生きているのです。私たちはその責任を自覚しなければ、私たちの命を汚していることになるのです。

私たちは生まれたいと思って生まれたのではありません。だから、仏法僧縁と言わざるを得ないのです。

私たちは知らない間に生まれていたのです。知らない間に生まれていたということは、本当に生まれたのではありません。

生まれたというのは自動詞です。生まれるというのは歩くとか、走るとか、座るという言葉と同じであって、自ら動くという自動詞です。

自動詞は自分の意志によって動くことを指すのです。ところが、不思議なことに、皆様は生まれる時に自分の意志を用いていません。皆様は生まれたいと思わなかったでしょう。従って、皆様は自動詞という意味において、生まれていると言えないのです。

人間は生まれたいと思わないのに勝手に生まれたのです。自動詞を用いない生まれ方をしているのです。

従って、人間はもう一度新しく生まれる必要があるのです。絶対に死んでいく命を捨てて、絶対に死なない命を掴まえて生きるのです。これが人間としての絶対的な責任です。

人間は自然に生まれたのではないかと言いますが、自動詞的自然に生まれたのではないのです。生まれるというのは本人自身の主体性を意味するのです。これが自動詞です。

まだ皆様は生まれていないのです。これから生れようとしているのです。今皆様がいるのは生まれたのではなくて造られたのです。人間は聖書的に言えば被造物になるのです。

皆様は一般生物と同じように造られた人間です。生まれた人間ではないのです。そこで、与仏有因、与仏有縁、仏法僧縁を心得て、観世音を実行しなければ生れないのです。

観世音ができない者は、自ら命を持つことはができないのです。そこで、観世音というのは非常に重要な意味を持つのです。

皆様は天地万物の真ん中に生まれているのであって、天地万物を見て、一体この世の中にあるあらゆる植物、あらゆる動物が何を語っているのか。どういうことを示しているのか、ということを知らなければならないのです。

万物の真ん中へ理性を持った人間が生まれたのです。理性があるのは人間だけです。仏になれる人格を持つのは人間だけです。人間だけが万物を見極めることができるのです。

万物を見極めて造られたすべてのものの中から、造られたすべてのものを代表して人間が新しく生まれるのです。そして、本当の命を持つのです。その時人間は草木国土一切成仏することができるのです。万物を治めることができるようになるのです。

人間が成仏するというのは仏になることであって、仏の位に人間の魂が上っていくのです。これを新しく生まれると言うのです。これが本当の意味で生まれるということです。

仏典は哲学としてそういうことを言っているけれど、その実行ができないのです。新しく生まれるという理論はあるが実体がないのです。

皆様はいくら仏典や聖書を勉強しても、仏にならなければ何もならないのです。皆様の魂が仏になることです。永遠の命、死なない命を経験することです。これが人性の目的です。

この世に生まれて、万物の世界を見て、万物と一緒に生きている。皆様は何十年間の間生きていますが、これを通して万物の代表者として目を覚ますのです。そうして、世音を見るのです。

天地万物が物語っているその内容を認識するのです。そうすると、皆様の中の理性が仏になっていくのです。

皆様の理性は仏になるための準備行動、予備的な行動をしているのです。これが人間の精神です。人間の精神が成仏すること、神を信じること、そして、神の中に入って生きるのです。宇宙の命を生きるのです。人間を代表して宇宙の命に生きるのです。これが人間の目的です。皆様は自分のために生きているのではないのです。宇宙のために、万物のために生きているのです。こういうことの理屈だけを知っていてはだめです。

生活してもいいのですが、人間が生活するということは万物の頂点に立つためです。万物の頂点に立って、草木国土を悉く皆成仏させるのです。これが成仏です。

皆様が仏になって万有を指導するのです。万物を生かしていくのです。そのためにこの世に出てきたのであって、これが仏性です。

皆様は仏性を持っています。仏性を活用すれば、皆仏になれるのです。

生まれるというのは肉体的に生まれるということと、精神的に生まれるという意味と二通りあるのです。皆様は肉体的には生まれているのです。

肉体的に生まれたのは自分の意志によるのではないのです。自分の意志によって生まれるのは、精神的に生まれるのです。霊魂的に生まれるのです。

肉体的に生まれたのは、生まれさせられたのです。魂的に生まれるのは自発的な意志に基づいて、明確な意志に基づいて生まれるのです。魂の目を覚ますのです。これが本当に生まれるということです。

これについてイエスは、「人は新しく生まれなければ神の国を見ることはできない。新に生まれなければ神の国が見えない。水からと霊からとによって新に生まれて、神の国に入れ」とはっきり言っているのです（ヨハネによる福音書3・3〜5）。

神の国に入らなければばいけないのです。現世に生まれただけで満足していることは、ただ死ぬだけです。

この世に生まれた人間は必ず死んでいきます。自分の命に満足することはやめてください。現世に生まれた人間は空です。この世に生まれただけの人間は空です。これを空じてしまうことによって、永遠の命に入ることができるのです。

現世の人間が空だということは、どこかに実がなければならないのです。肉体的に生きていることは空だけれど、命そのものは実です。今生きている命には実がある。これを釈尊は言いたいのです。

別の命、永遠の命をはっきり証明したのがイエスです。釈尊は空の命をはっきり言ったのです。イエスは実の命を証明したのです。空の命を空じることと、実の命を証明することは、表と裏の関係になるのです。裏表の両面性を平行的に理解しなければ、人間を解脱することはできないのです。

人間は自分の意志によって生まれたのではない。神の意志によって生まれたのです。だから、神の意志を実行しなければ人生は完結しないのです。

私たちは宇宙の意志によって生まれてきたのですから、その意志を体得して、地球的な形で生きなければならないのです。

この世が存在する実質に基づいて、実質的な命を獲得するのでなかったら、人間は死ぬしかないのです。八十年、九十年の間生きていながら、命をまともに生きてこなかったことになるのです。

命をまともに生きていない者は、それだけの責任を追求されることになるのです。このことは仏典には書いていません。これが仏典の重大な欠点です。

もし悟りを開かなければ、成仏しなければ人間はどうなるのか。このことを仏典ははっきり書いていないのです。これが仏法の大欠点です。

人間はこの世に生まれた以上、生まれたということを今経験しているのです。生まれたという事実を経験している以上は、その事実に対する結論をどうしても出さなければならない責任があるのです。

5. 死ぬ命と死なない命

神が世界を経綸するためには、その土台がなければならないのです。現世においても誰かが会社を経営するとしたら、会社経営の中心をどこに置くかが問題です。

業務経営の中心と、人間的な経営の中心との二つの中心を決めなければ、会社経営が成り立たないのです。これはどこの会社にでもあるのです。会社を始めた人がこれを決めているのです。業務の中心と人間の中心を決めているのです。これによってその会社が良くなったり悪くなったりするのです。

神が全世界を経営しているのは、何を目的に、何を中心にしているのかが決まっているのです。これを考えなければいけないのです。私たちはこれを考えているから、神が後ろ盾になっているのです。私たちのグループは人間の後ろ盾は何もありません。神が後ろ盾になっているから、問題なく前進していけるのです。

御霊を崇めることがどのように分かっているのかということです。これさえ分かっていれば問題ではないのです。

ユダヤ人が目覚めなければ、神の国が実現しないのです。実は異邦人はどうでもいいのです。ユダヤ人が目覚めれば、キリストの復活が歴史的に実現するのです。キリストの復活は霊的には実現していますけれど、歴史として実現していないのです。これがいけないのです。

キリストの復活というものは、歴史として捉えられなければならないのです。個々の人間が五十人や百人信じていてもいけないのです。歴史的事実として、人々が公に捉えなければいけないのです。神の国が実現するというのはこういうことを言うのです。

これを目標にして聖書が開かれなければならないのです。これを目標にしている教会は、世界中何処にもないのです。

聖書に次のようにあります。

「ほうむべきかな、私たちの主イエス・キリストの父なる神はその豊かなあわれみにより、イエス・キリストを死人の中から甦らせ、それにより、私たちを新に生まれさせて、資産を受け継ぐ者として下さったのである」(ペテロの第一の手紙1・3、4)。

これが世界的に実現することを神の国と言うのです。五十人や百人の人間だけではなくて、世界的に、または国家的に、民族的に、歴史的事実として認めることです。これを神の国と言うのです。私はこれを目当てにしているのです。

皆様もこれを目的にしたらいいのです。神の目的は人間を救うことではなくて、世界を救うことです。個々の人間を救うことを目的にしていません。神の国を実現することが目的です。

イエスは、「時は満ちた、神の国は近づいた。悔い改めて福音を信ぜよ」と言っているのです(マルコによる福音書1・15)。人間が悔い改めることを先に言わずに、神の国が近づいたことを先に言っているのです。

神の国は天に蓄えられている国です。天の国です。この世ができる前の国、前世の国です。前世の国が現世に現われることが神の国の実現です。

イエス・キリストが現われて述べ伝えた目的は、神の国を示すことです。神の国が世界中に実現することが目的であって、人間がキリストを信じることではないのです。

人間の霊魂を救うことがイエスの目的ではなくて、神の国を実現することが目的です。その土台になるのがイスラエルです。イスラエルが土台にならなければ、神の国は実現しないのです。このことが世界中のキリスト教会に全く分かっていないのです。カトリックもプロテスタントも全然分かっていないのです。

人間の霊魂が救われるということは第二、第三の問題であって、第一は神の国が実現することです。こういう方針でいけば、御霊《みたま》が働いてくれるでしょう。

この方針を続けていき、イスラエル伝道という大眼目を忘れないで、ユダヤ人の目を覚ましてあげようというごく素朴な感覚で考えて、その理想に一致していれば、このグループは間違いないのです。

この理想から離れると必ず分裂するのです。

パウロが、「実際、私の兄弟、肉による同族のためなら、私のこの身が呪われて、キリストから離されてもいとわない」と言っていますが（ローマ人への手紙9・3）、ユダヤ人の救いとはそういうものです。

ユダヤ人に福音を伝えることの重要性が、現在のキリスト教には全然分かっていないのです。パウロが「ユダヤ人に福音を伝えるためなら、自分自身がキリストを離れて地獄へ行ってもいい」と言っているくらいに大切なものが、ユダヤ人伝道です。これが分からないのです。

現在のユダヤ人は、全く箸にも棒にもかからない、ばかもばかも何と言っていいか、罵る言葉もないほど悪いのです。ユダヤ人はひどい民族です。

ユダヤ人の救いのためなら、キリストから離されて地獄へ行ってもかまわないという固い気持ちがあれば、このグループは大丈夫です。神が必ず導いてくれるに決まっているのです。

一番分かってもらいたいことは、ユダヤ人問題の根本は何かということです。パウロがイスラエルのためなら、キリストから離されて地獄へ行ってもいいということを、ローマ人への手紙に書いておいたのですが、この手紙が聖書に入っているのです。新約聖書の重要部分になっているのです。

個々の人間の霊魂の救いよりも、ユダヤ人に福音を伝える方が大切だということを新約聖書は言っているのです。だから、私はキリスト教が間違っていると言っているのです。ローマ人への手紙のパウロの思想を私の思想としているのです。これが私たちのグループの中心思想です。

旧約聖書に、「エルサレムを愛するものは栄える」という言葉があります。今のユダヤ人があまりにもひどすぎるのです。だから、イスラエルのために祈るとか、イスラエルを愛するということを少しでも考えるだけで、神はその人間を捨てておくことはできないのです。

私たちのグループは、イスラエルのために造られているということを決して忘れてはいけないのです。ユダヤ人のために神が造ったグループです。

ユダヤ人のために祈るとか、ユダヤ人に福音を伝えるために伝道しているという人間は、私たち以外には世界にいないのです。ユダヤ人に福音を伝える目的で聖書の勉強をしているのは、私たち以外にはいないのです。

神はユダヤ人に約束を与えたけれど、現在のユダヤ人は神の約束を全然問題にしていないのです。彼らが考えている約束は、ユダヤ教のことを言っているのであって、神の約束とは違うのです。

アブラハムに「おまえとおまえの子孫とにとこしえの契約を与える」と言っているのです（創世記17・4〜8）。これが神の国の土台になるのです。ユダヤ人に福音を伝えて、まともな聖書の信仰を与えなければ、神の国が実現しないのです。

ユダヤ人が本当に目を開かなければ、私たちがどのように聖書が分かっても、それだけでは神の国は実現しないのです。キリストの再臨は実現しないのです。

ペテロの第一の手紙の一章にありますように、キリストが復活したことによって、すべての人が新しく生まれたのです。私たちが救われたとは書いていません。私たちが新に生まれたと書いてあるのです。この私たちというのは、キリストを信じる者を指しているのです。キリストを信じる者というのは、宗教観念によってイエスを信じているキリスト教の人々ではありません。キリスト教を否定する人です。だから、キリストの復活によってキリストを信じるという人々に、とこしえの命を与えられているのです。四節にあるように新しい命が与えられているのです。

ところが、今のキリスト教は、自分がこの世に生まれたのではない、新しい命が与えられているということが分からないのです。

この世に生まれた命ではない、もう一つの命を経験していなければ聖書を信じているとは言えないのです。この世に生まれた命はやがて死んでいく命です。やがて死んでいく命ではない、別のもう一つの命があるのです。これを捉えるのです。

皆様は死んでいかない命を経験しているのでしょうか。今皆様は死ぬべき命を経験しているのです。死ぬべき命は経験していますが死なない命を経験しているのでしょうか。

死なない命を経験しなければいけないのです。これはペテロの第一の手紙の一章三節、四節にありますように、イエス・キリストの復活によって新しい命が与えられているのです。

現世に生まれてきた自分の命ではない新しい命を経験しているとはっきり言えるかどうかです。世間並の教会ではこれが言えないのです。

この世に生まれてきた命はどうでもいいのです。私たちはキリストの復活による新しい命で生きていることを、まず理論的にしっかり考えてください。キリストの復活による新しい命は理論的にどうなるかということです。また、どのように生きればいいのか。

この世に生まれた自分の命と、これとは別のもう一つの命があるのです。もう一つの命で生きることになれば、自分の家庭生活をどのようにしたらいいのか。道徳的には山上の垂訓（マタイによる福音書五章から七章）です。

山上の垂訓を社会的に実現しようと思ったらどうなるのか。家庭的に実現しようと思ったらどうなるのかという問題です。

皆様はこれを実現しなければならないのです。私はその入口を開いたのですから、皆様にこれを社会的、世界的に実現して頂きたいのです。

これはキリスト教の話ではありません。この世に生まれた命ではないもう一つの命のことを言っているのです。分からなければどんどん聞いて頂きたいのです。分からないことが悪いのではなくて、それをはっきり捉えていないことが悪いのです。分からないことはどんどん聞いて頂きたいのです。

男女の問題は性の問題ではないのです。性の問題だと考えている人は皆地獄へ行くのです。性の問題と考えている人は、死ぬべき命に生きているのです。

セックスという感覚で女を見ている人は、生まれながらの命しか分からないのです。男女の問題は格の問題です。男という格、女という格がある。命に格があるのです。

獣の命と人間の命は格が違うのです。男の命と女の命とは格が違うのです。イエスがこの世で示してくれた命は、神の格を持った人の命です。神の格を持った人の命を人の子の命と言うのです。イエスの命は神の格を持っていたのです。この持ち方を真面目に勉強したらいいのです。

皆様はこの命を持っているに決まっているのです。それを見つけていないだけです。

皆様は生まれてきた命は持っています。この命ではなくて、死なない命を持っているかどうかです。死なない命とはこういうものだと人々にはっきり説明できるかどうかです。

死ぬ命と死なない命とは違うのです。これがはっきり説明できなければいけないのです。

イエスが生きていたのは、死なない命で生きていたのです。神の格を持った人の命だったのです。神の格式を持った人間の命でした。これを信仰と言うのです。神の格式が人間的に現われていたのです。これがイエスの信仰です。

皆様の生活が肉の思いの生活であってはいけないのです。肉というのは格です。霊というのも格です。人間の魂には格があるのです。格式があるのです。

皆様は霊魂の格式を考えて、それに相応しい生活ができなければいけないのです。例えば、金銭に関すること、男女に関すること、他人との付き合いに関すること、言葉遣いに関することなど、霊魂の格式に相応しいものでなければいけないのです。山上の垂訓はその原理になっているのです。

命というものは実践的な経験を会得していなかったら、自分の命になっていないのです。聖書は理解するものではないのです。本当の信仰は自分の魂に格式ができているのです。生活に格式ができるのです。格式を造ろうと思わなくても、思想に格式ができるから、生活の態度が自然に格式を持つようになってくるのです。

これは掟ではありません。掟ではない格式です。格式が勝手にできるのです。

6. イスラエル回復の祈り

人間は誰でも幸せになりたいと考えています。ところが、人間が考えている幸せというのは、罪人の頭で考えている幸せです。

罪人というのは日本人には分かりにくい心理状態ですが、簡単に言えば、神を神としない、自分の考えを絶対とする考えの人を言うのです。

現象を絶対として、自我の自分を絶対とする考えが罪人の考えであって、これを聖書では肉の思いと言っていますが、人間はこの肉の思いで幸せを考えているのです。聖書は「肉の思いは死である」とはっきり言っていますが（ローマ人への手紙８・６）、人間は肉の思いが死であるということをまともに考えないで、ただ幸せになりたいと思っているのです。

世界中の人間が国際連合の理想、政治の理想、経済の理想、社会の理想、健康の理想と色々な理想を考えていますが、結局幸せになりたいという一語に尽きるのです。ところが、これはすべて肉の思いを下敷きにして考えているのです。しかし、肉の思いとは何かが分かっていないのです。

考え方の土台が間違っているので、幸せを求めれば求めるほど不幸になってしまうのです。人間はこういう妙なことをしているのです。

何のために地球があるのか。何のために人間社会があるのかという根本的なことを理解していないから、ただ人間が現実に生きているということのみを肯定しているのです。

現世に生きていることを丸呑みに肯定してしまうことになりますと、今生きている人間の幸福が最大の問題になるのです。しかし、生きている人間の幸福というものは、生きている間だけという、極めて限定されているものです。宗教は一生懸命にこれを求めているのです。

聖書に「神の国」という言葉がありますが、それは今生きている人間が幸せになるとか、救われるとかいうのではありません。魂が神の国に入るのです。人間は絶対に入ることができないのです。

人間がこのように間違ってしまった原因は、死を真面目に考えてこなかったからです。死を真面目に考えると、考え方の土台が変わってくるはずです。死ぬということを真面目に考えないで、生きているということを前提にして考えている。そこで、幸せにしても信仰にしても、全部間違ってしまうのです。

生を土台に考えないで、死を土台にして考えなければならない。この考え方が人間にできないのです。

生を土台にして考えますと、ユダヤ人問題がまともに考えられないのです。なぜかと言いますと、ユダヤ人は生を土台に考えているからです。従って、生を土台にして考えるということは、ユダヤ人たちの考えに同調することになるのです。

現代文明を正しくするためには、まずユダヤ人たちが聖書が示す正しい方向へ帰らなければならないのです。これが人間の危機を救うたった一つの道です。ですから、生を土台にして物事を考えようとする人は、本当のイスラエル回復の祈りをすることができないのです。口先だけで祈っても、ユダヤ人の誤解と同じ誤解を初めから呑み込んでしまっていることになるのです。この間違いを正さなければならないのです。

ユダヤ人は神の約束のために生きている約束の子です。彼らは神の子ではありませんが、約束の子です。

神の子は約束をまともに信じた人です。今のユダヤ人たちは約束を正しく信じていませんから、神の子になっていません。しかし、約束の子です。

神がアブラハムに約束を与えたということを、変更することはできません。歴史はユダヤ人を中心にしてしか動かないのです。ユダヤ人は人類の長子でありまして、長子がまともにならなければ人類はまともにならないのです。そこで、困るのです。

キリストの十字架という明白な事実がありながら、未だに歴史的な事実になっていない。なぜ十字架が歴史的な事実になっていないのかと言いますと、ユダヤ人が十字架を信じていないからです。

十字架が歴史的事実になって世界の表面に現われるとはどういうことかと言いますと、国際連合がイエスがキリストであることを認めることです。

そうなるのが当たり前です。神は天地の主です。その方が十字架を立てられた。従って、イエスがキリストであることを土台にしなければ、政治も教育も法律も経済も家庭も成り立たないのです。それが成り立つ世界が神の国です。千年王国です。

こういう状態が現われるのが当たり前です。ところが、それがまだ現われていない。こういう社会のあり方は、根本的に間違っているのです。

皆様はそういう社会で聖書の勉強をしていますので、末成瓢箪のように遠慮しながら学んでいるのです。大きな顔をして、私は聖書を勉強していますと世間の人に言いますと、あなたはちょっとおかしな人間だということになるのです。

今の日本の社会では、聖書を信じないのが当たり前になっているのです。これは神が天地を造ったという事実が表面に現われていないことを意味するのであって、こんなばかな社会に人間の幸福があるはずがないのです。

人間の心に命なる神が隠れているのです。命の実物が隠れてしまっているのです。今の人間にはただ生活があるだけです。命が隠れてしまって生活だけがある。これは一体何になるのでしょうか。

これはイスラエルのために真剣に祈るという人が全世界にいないから、こういう間違った歴史が続いているのです。肉の歴史が居座っているのです。肉の人間の歴史の親方がこの世の神である悪魔です。悪魔が歴史の大将になって居座ってしまっている。これを覆さなければ人間の本当の幸福は到来しません。

世界全体の表面に神の御名が現われていない。歴史の表面に神の御名が現われていない。こんなばかなことがあってもいいのでしょうか。

旧約聖書には、神の御名が歴史の表面に現われると書いているのです。全地はエホバの御名のみになるという預言があるのです。

神が歴史の表面に現われること、キリストが世界の王として堂々と現われること、世界の政治がキリストの名によって取り仕切られることを、聖書は預言しているのです。

聖書の預言は必ず成就します。そのために、イスラエルへの祈りがどうしても必要になるのです。イスラエルが約束の子であるという身分を自覚する。ただそれだけでいいのです。

ユダヤ人は選民と言っていますが、彼らがいう選民というのは、ユダヤ教で考える宗教の選民です。彼らが宗教の選民ではなくて、神の選民であることに気が付けば、神の御名を崇めるようになるでしょう。

ユダヤ人はモーセの掟を崇めています。これは宗教です。神を崇めていないのです。彼らは自分たちのしていることが本当の宗教だと言っていますが、本当にしろ嘘にしろ、宗教は宗教です。彼らはそういう間違いをしているのです。

約束の民が悔い改めて福音を信じるなら、世界歴史の表面に神の御名が実現するのです。世界中の人にこれが分かっていないのです。

人間が心から願っていることは何か。一体何を願っているのか。これを人間は知らないのです。学校の先生でも会社勤めの人でも、国会議員も知らないのです。農業をしている人でも、何の目的で農業をしているのか、実は知らないのです。

本当の目的が分かっていない。分かっていないけれども幸せを求めている。幸せを求めることは悪いことではありませんが、肉の思いで幸せを求めることが間違っているのです。これを直すためには、イスラエルの回復を祈らなければならないのです。

人間の間違いを正しくするためには、イスラエルに祈るという方法しかないのです。今ユダヤ人の一人ひとりを掴まえて文句を言ってもしょうがないのです。

イスラエルの民のために熱心に祈れば、やがてユダヤ人が心を開いて、新約聖書を信じようという気持ちを持つようになるでしょう。

まずイスラエルのために祈るのです。心から祈るのです。そうすれば、やがて世界を動かしているユダヤ人の中心思想が変わってしまうでしょう。そして、正しい世界が現われるに決まっています。

これは世界中の誰もが気が付いていないことです。神の御名が全地に現われるためにはどうすればいいのか。キリスト王国が世界に実現するためには、どうすればいいのかが分かっていないのです。

御国を来たらせたまえと祈っている人はたくさんいます。主イエス・キリスト来たりたまえと祈っている人もたくさんいます。ところが、祈っても祈っても来たりたまわないのです。来たりたもうことができないからです。

へびの子孫がキリストの踵《きびす》を砕いてしまったからです。足の踵を治さなければキリストが立てないのです。足の踵がイスラエル民族です。イスラエル民族の心を治すのです。これを神にしてもらうのです。

足が治らなければ、キリストの足が橄欖《かんらん》山に立てないのです。そのために祈ることがイスラエルの回復です。

世界中の人間に、イスラエルの回復という秘密が分かっていないのです。現在二十億のキリスト教徒が、キリストを信じているつもりでいますが、イスラエルの回復を全く知らないのです。イスラエルの回復が歴史の急所です。地球の急所です。これを分かっている人がいないのです。イスラエルさえ回復すれば、世界の歴史が根底から変わってしまいます。そして、人間が幸福を求めなくても、勝手に幸福になれるのです。

イスラエル回復の祈りは、空を打つような祈りではありません。空気を打つような祈りではありません。この祈りは必ず神に聞かれます。祈るということが神の信仰の業《わざ》であって、自分の業ではないからです。神によって祈らされているのですから、必ず聞かれるに決まっているのです。一言、一言を必ず神に聞かれると信じて、神の耳に私たちの言葉を吹き込むような気持ちで祈ってください。

イエスがキリストであることをイスラエルが信じること、彼らが新約聖書を受け入れて、真剣に読むようになることを祈ってください。祈り方は下手でもかまいません。神にすがりつくような気持ちで祈ってください。そうしたら必ず神に聞かれます。そう信じて祈って頂きたいと思います。

7. とこしえの命

聖書に次のようにあります。

「その後、私が見ていると、開いた門が天にあった。そして、さきにラッパのような声で私に呼びかけるのを聞いた初めの声が、『ここに上がってきなさい。そうしたらこれから後に起こるべきことを、見せてあげよう』と言った。

すると、たちまち、私は御霊に感じた。見よ、御座が天に設けられており、その御座にいます方があった。その座にいます方は、碧玉や赤めのうのように見えた。また、御座のまわりには、緑玉のように見える虹が現われていた。

また、御座のまわりには二十四の座があって、二十四人の長老が白い衣を身にまとい、頭に金の冠をかぶって、それらの座についていた。

二十四人の長老は、御座にいます方の御前にひれ伏し、世々限りなく生きておられる方を拝み、彼らの冠を御座の前に投げ出して言った。

『われらの主なる神よ、

あなたこそは、

栄光とほまれと力とを受けるにふさわしい方。

あなたは万物を造られました。

御旨によって、万物は存在し、
また造られたのであります』」（ヨハネの黙示録4・1〜4、10、11）。

聖書をよくよく勉強していきますと、神の国の根底が分かってきます。私たちは絶対に神の国に入らなければいけないのです。

まず私たちの宇宙的な位置を確認することです。そのためには、私たち自身が現世の人間ではないことを、自分自身に言い聞かせることです。自分はこの世の人ではないことを、自分自身にはっきり言い聞かせるのです。自分に言い聞かせないとだめです。

神は未完成です。従って、私たちも未完成です。三節のあり方は神自身が虹に従って考えています。緑の虹に従って考えるということは、人間の語法で言いますと、一種の空想主義みたいなことになるのです。それと同じ意味で、私たちも聖書に基づく空想主義になるのです。

御座に基づく空想主義であって、現実主義ではないのです。現実を現実として認めるけれど、現実が理想ではありません。これをはっきり確認して、神がしているやり方と同じことをするのです。

神を現実ではっきり踏まえながら、緑の虹を確認するのです。このやり方をするのです。二十四人の位でこれをしなければいけないのです。神は二十四の位がありません。神は一つの位ですが、私たちは二十四の位で神を助けるのです。二十四の位が物をいうのです。

私たちがまず二十四の位の一人であることを確認すれば、キリストの再臨を実現するための布石になることができるのです。長老がこう言ったとあります。長老が発言すると、神の経綸がどんどん進んでいくのです。私たちは長老の一人として発言する力を持たなければいけないのです。

具体的な事実として、この世の人ではなくなってしまうのです。そのためには、般若心経をよく学ぶ必要があるのです。

般若心経を本当に実感しようとする、そして、五蘊皆空という言葉を本当に実感しようとしますと、冒頭の字句をよく理解する必要があるのです。

最初に、「般若波羅蜜多時　照見五蘊皆空」とあります。般若波羅蜜多を自分の生活で行じた時に、五蘊が皆空であることが本当に分かったと言っているのです。照見というのは、本当に分かったということです。

パウロは霊によって体の働きを殺すと言っていますが、これは般若波羅蜜多を実行することです。般若波羅蜜多を実行すると、体の働きを殺すことができる。自分の記憶を変えることができるのです。これをするのです。

般若波羅蜜多が山上の垂訓の原理です。ヨハネの黙示録四章三節を見ると、神自身が未完成であること、神は約束の神であることが分かるのです。約束の神であるということは、現実の神ではないということです。

神は現実においては、悪魔の働きを大目に見ている所があるのです。なぜ悪魔の働きを大目に見ている所があるのかと言うと、地球にだけ夜があることです。光を昼と名付け、闇を夜と名付けたのは神です。

光を昼と名付け、闇を夜と名付けて、光と闇の両方のエネルギーを使いこなすことによって、天使全体を神の元に抱き込んでしまおうという考えです。天使の長《おさ》をオミットする。天使長だけは底なき穴に閉じ込めるが、天使長以外の天使を全部神の方へさらってしまうという計画です。闇の天使を使わなければそれができない。闇の天使と光の天使を等分に使ったのです。ここが、神の知恵と知識は限りなく深いとパウロが言った理由です。

神がなぜ悪魔を認めたのかと言うと、神に所属していない天使を、全部エンゼル・オブ・ゴッド（angel of God）にしてしまおうという神の計画です。そして、エンゼル・オブ・ゴッドをエンゼル・オブ・クライスト（angel of Christ）にするのです。エンゼル・オブ・クライストにすることによって、ただのエンゼルもまた、エンゼル・オブ・クライストになるのです。

神の名ではなくてキリストの名によって、闇も光も統一してしまうのです。これが神のやり方です。

そうして、皆様の肉の記憶も肉の行いも全部光にしてしまうのです。今まで生きてきた皆様の欲望的な面が希望に変わるのです。これが救いです。だから、神を信じなければ損です。欲望だと思っていたことが希望であることが分かってくるのです。そうすると、記憶が変わってしまうのです。これをダビデが実践したのです。だから、イエスがダビデを認めているのです。イエス自身もダビデに賛成したのです。そこで、ダビデがした肉の行いが、全部霊になっているのです。こういう手法を神が認めているのです。

ですから、皆様も自分の考えに閉じ込まらないで、本当の般若波羅蜜多になって頂きたいのです。そうすると、今までの此岸が彼岸になってしまうのです。この世を神の国にしてしまうために、わざわざイエスが肉を持ってきたのです。キリストが肉体を持ってきたのはそのためです。

第二の神（言なる神）がわざわざ天から下ったのは何のためかと言いますと、地球という肉の世界を全部霊にしてしまうためです。だから、闇と淵を認めているのです。これが悪魔に分からないのです。

これが分かってくると躓きがなくなってしまうのです。ここに聖書の奥義があるのです。

さすがの般若心経も此岸が彼岸になるとは考えていなかったのです。究竟涅槃と言い切っています。般若波羅蜜多でなければいけないと言い切っています。ところが、新約聖書はそうではない此岸が彼岸になっていると言っているのです。これが神の国の信仰です。水によって新に生まれよと言っているのは、イエスの偉大な発想の原理です。

地球は水から出てきたものですが、これがそのまま霊になってしまうのです。こういうスケールで考えるのです。従って、今までの肉体生活、皆様の家庭でのあり方が神の国になってしまうのです。そのために、物の考え方の土台をひっくり返してしまうのです。

釈尊は彼岸があることが分かっていた。そうでなければ、般若波羅蜜多という言葉が出てくるはずがないのです。釈尊の悟りとイエスの信仰の関係は、私たちにしか説明ができないのです。

イエスの信仰の中に二十四の位があります。英訳では四と二十（four and twenty）なっています。四は現象を司る位です。そして闇が十、光が十の位があるのです。

一人子なる御子が、罪人とひとしい姿になって地上に下った。これは罪人を全部神の子にしてしまうという計画です。

罪人は火の池に投げ込まれたとあります（ヨハネの黙示録20・15）。実は火の池というものさえも救いになるのです。火の池はこらしめです。火の池に放り込まれた人間の罪が、すべて焼かれてしまうのです。何千万年か、何億万年かかるか分かりませんが、永遠という時間をかけて人間の罪が全部焼かれてしまう。それで火の池と言うのです。

分厘までも償わされる。分厘までも償えばいいのです。そうすると、許されるのです。地獄へ行かなくてもいい。現世にいるままで、聖霊と火のバプテスマを受ければ、罪は焼き尽くされてしまうのです。

私たちに与えられている思想は、完璧無類なもので、全く隙がありません。今までの神学をいくらひねってもだめです。そこで、地獄がないと考えている仏教の思想も理解できるのです。

しかし、現世に立って地獄がないと言ってもだめです。永遠という時点に立って考えれば、地獄はないと言ってもいいのです。あってもなくても同じことになるのです。

キリストというのは、永遠の救いを意味するのです。教会時代だけの救いとは違います。そういう理想がヨハネの黙示録の四章に出ているのです。

まず三節には御座に座するものの姿、形と、御座に座するものの思想内容が現われるのです。御座の回り（round about the throne）というのは、御座に座するお方の気持ちを現わしているのです。御座の回りとは、その気持ちの範囲を現わしているのです。御座そのものではないが、気持ちが御座の回りに現われているのです。これが緑玉の虹です。そこで、御座のあり方をよくよく勉強すると、私たちの信仰の原理をどこに置いたらいいのかが分かるのです。

神は喜んで約束の成就を空想しているのです。神が空想しているから、私たちも空想しなければいけないのです。これは大きいスケールの空想です。空想という言葉は適当ではないかもしれませんが、他に言いようがないのです。ですから、仮に空想という言葉を使いますが、神が空想しているのですから、空想できない人は神の子とは言えないのです。

空想できる人が神の子です。私のこういう思想は大言壮語ではありません。神の希望に基づく雄大な希望です。雄大すぎますから、空想という言い方になってしまうのです。

緑玉の虹というのはそういうものです。御座の回りの緑玉の虹を前提にして、四節の二十四の位が成り立っているのです。四というのは現象の数です。二十というのは霊の十と肉の十の両方です。現世に生きている以上は、霊の十と肉の十の両方が分かる人間でなかったらだめです。

ですから、男性に女性を与えているのです。女性を経験させているのです。

神は人間に、欲望の世界にどんどん入っていくことを平気で許しているのです。何をさせているのかと言いますと、三節の神の御心を知ろうと思えば、この世の国のことが徹底的に分からなければ、神の国が分からないからです。この世の悪いことも良いことも、徹底的に知る必要があるのです。知れば知るほど、神の国が分かるからです。

三節が私たちの命の原点です。三節の命の原点をそのまま写したのが四節です。

五節は神の霊が水のおもてを覆っているという状態です。五節ができる前に、もう二十四人の位があるのです。これが神の信仰です。

ソロモンは次のように言っています。

「主が昔そのわざをなし始められる時、

そのわざの初めとして、私を造られた。

いにしえ、地のなかった時、

初めに私を立てられた。

まだ海もなく、また大いなる水の泉もなかった時、

私はすでに生まれ、

山もまだ定められず、丘もまだなかった時、

私はすでに生まれた。
すなわち神がまだ地をも野をも、
地のちりのもとをも造られなかった時である。
彼が天を造り、海のおもてに、大空を張られた時、
私はそこにあった。
彼が上に空を堅く立たせ、
淵の泉をつよく定め、
海にその限界をたて、
水にその岸を越えないようにし、
また地の基を定められた時、
私は、そのかたわらにあって、名匠となり、
日々に喜び、常にその前に楽しみ、
その地で楽しみ、
また世の人を喜んだ」（箴言8・22〜31）。

地球が地球となる前、時が定まる前という言葉を世界訳聖書が使っています。
時の定めとは何か。初めに神が天と地を造った。初めとは時が始まった時です。創世記一章

一節の初めに神が天と地を造った。この初めは時が定められた初めを言うのです。

時が定まる前、神が天と地を造る前に、人間の魂の本質は神の傍にいたのです。ですから、神の本質を弁えることができるのは、人間だけです。

三節の御座のことが本当に分かる人は、四節の二十四の位が分かるのです。三節が分からない人は四節が分かりません。こんな思想は仏教にもイスラム教にもありません。イスラムは現世の生活しか知りません。マホメットの思想は現世の人間しか見ていないのです。全く現世教です。

ヨハネの黙示録の四章の天の光景の原点は何か。二十四の位ができたことが、人間創造の原則です。神が光を昼と名付け、闇を夜と名付けた時に準備ができたのです。

光の子と闇の子の両方を分類、統括すること、そうして、結局闇全体が光の中に合流しなければならないように、神が仕向けるという計画が天のあり方に自然に現われている。これをまず私たちは理解しなければならないのです。

天に御座があることが異邦人に分からないのです。これを第一に知らなければいけないのです。第二に御座に座する方が、どんなお方であるのかを知らなければならないのです。そして、第三に現象世界に二十の位があることを知らなければならないのです。光の位の十と闇の位の十があるのです。

第二節、第三節、第四節の根本原理がすべて了承されると、その人格は初めて人の子という言葉が使えるのです。人の子になれるのです。これが理解できないと人の子になれないのです。神は、「人の子よ帰れ」と言っています（詩篇90・3）。なぜ人の子よ帰れと言っているのかと言いますと、人のマインド（mind）に関係しているのです。

人の子を造るために、まずマインドが造られたのです。マインドによって光の位と闇の位ができた。マインドは天と地を造る前の人格です。天も地もマインドの下にあるのです。

イエスは人間のマインドを持って地球上にやってきた。マインドは天と地が造られる前の神の計画の原点です。この原点に基づいて天地を造ったのです。まず天と地を造った。それから、光と闇を造ったのです。天という言葉の中に光と闇があるのです。地という言葉の中にもまた、光と闇があるのです。

初めに神が天と地を造ったのですが、天と地がまた、光と闇に分かれている。これを二十四人の長老が経験しているのです。神が何を考えて、何のために人間を造ったのか。何のために魂がこの世に出てきたのか。これが分からなければいけないのです。これが分かると、新約聖書の原点がすべて分かるのです。

天と地を仮に上と下とすると、光と闇は右と左になるのです。この四つのポイントで考えると、何でも分かるのです。欲望の世界も希望の世界も分かる。信仰の世界、罪の世界も分かるのです。イエスは悪魔に話しかけ、悪魔はイエスに呼びかけている。自分の仲間にならないかと呼びかけているのです。

神の国の中にこの世があるのです。天は光、地は闇という単純な図式ではない。天と地、光と闇は十字になっているのです。あらゆるものが全部信仰の中に入ってしまうのです。

そこで、不生不滅、不垢不浄、不増不減が分かるのです。生まれもせず死にもしない。良くもならないし悪くもならない。増しもしないし減りもしないということが分かるのです。

神が分からずに、不生不滅、不垢不浄、不増不減と言った釈尊という男は一体何者だったのか。ところが、私たちが神の国に入ったことによって、般若心経が完全に成就できるのです。良い所も悪い所も説明できるのです。

新約聖書の中に、般若心経がごそっと入ってしまうのです。新約聖書の底の方に入るのです。こういうスケールで考えるのです。

分かったとか分からないという考えをやめなければいけない。これがきれいとか、あれが汚いと考えたらいけないのです。

光と闇がなければ、天地創造はできません。昼と夜があるから花が咲くのです。昼ばかりだったら花は咲かないのです。夜ばかりでも咲かないのです。動物も昼と夜があるから生きているのです。

現世の命は昼と夜がある命です。光と闇がある命です。そういう命を生きているのですが、これは純粋な命ではありません。純粋な命は御座に座するものの命です。これを私たちは二十四人の長老という格好で経験しているのです。

神は肉体がありません。肉体を持った私たちが、光と闇を経験させられているのです。神の御心に従って、悪魔を知るのです。神の御心に従って、肉の世界を探検しているのです。

私たちが肉の世界がよく分かると、肉が霊になってしまうのです。

これをパウロは次のように言っているのです。

「眠っている者よ、起きなさい。死人の中から立ち上がりなさい。そうすれば、キリストがあなたを照らすであろう。光にさらされる時、すべてのものは、明らかになる。明らかにされたものは皆、光るとなるのである」（エペソ人への手紙5・13、14）。

すべての闇が光になってしまうのです。こういうスケールですから、恐れる必要はないのです。

今まで経験してきたありのままの生活を、全部神の前にさらけ出したらいいのです。これを幼子の信仰と言います。幼子のようにさらけ出したらいいのです。幼子のようにならなければ、天国に入ることはできなからです。

良いことも悪いことも神の前に出したらいいのです。大体、悪いことはないのです。神が天地を完成するために、緑玉の虹を全うするために、光と闇があるのです。

肉も霊も神の都合のためにできているのです。人間の立場から、道徳とか法律というから間違ってしまうのです。実は道徳とか法律という言葉が、天の言葉です。それをそのまま地球上に用いているからややこしくなるのです。

新約聖書を見れば、道元禅師、親鸞上人が行き詰っていたことが全部解決できます。道元が書いた正法眼蔵には行き詰っている箇所がたくさんありますが、聖書で皆説明できるのです。ヨハネの黙示録の四章二節から四節を見れば、皆説明できるのです。説明できない所は一つもありません。

人間の暗闇の世界、悲しみの世界の真ん中に救いがあるのです。怒りの世界の真ん中に救いがあるのです。盗み根性、泥棒根性の真ん中に救いがある。これが分からなければいけないのです。いいかげんにごまかしてはいけない。肉は即ち霊であるという言い方をしているだけではいけないのです。肉がなぜ霊であるのかを、はっきり聖書的に説明できないといけないのです。物理的に、宗教的に、哲学的に、また、道徳的に、どこからでもきちっと説明できなければいけないのです。御座に座するものを信じるなら、それができなければいけないのです。二十四の位に座する以上は、皆分からなければいけないのです。何でも分かって冠を投げ出すのです。

今までの家庭のあり方、商売が、自分のものだと思ったらいけないのです。五節になって初めて、いなずまが働き出しているのです。神の霊が水のおもてを動かしたのです。動かしたということがいなずまになって働き出しているのです。

その前に二節、三節、四節の状態があります。まず神の御座があって、そこに座するものがいる。その回りに、御座に座するものの反映として、二十四人の長老がいるのです。これらがきちっと設定されてから創造が始まっているのです。これが五節の内容です。

五節には、神の七つの霊が燃えていると書いています。七つの灯が御座の前で燃えていた。これが現象です。現象世界、物質は燃えているのです。

御座の前で七つの霊が燃えている。これが物質です。七つの霊とは完全無欠な霊です。これが燃えているのです。これが創世記一章二節の、神の霊が水のおもてを動かしたということです。

その前に、私たちの位の決め手があるのです。これが創造の計画です。ところが、暗きはこれを知らないのです。この言に命があり、その命は人の光である。万物は神の言によって造られたが、暗きはそれが分からなかったのです（ヨハネによる福音書1・4、5）。

こういうことが分かった私たちは既に悪魔に勝っているのです。だから、私たちは自分の肉に完全に勝てるのです。この世に勝てるのです。神が私たちに与えているメッセージは、必ず実現されるのです。私たちのイスラエル回復の祈りは、必ず神に聞かれるのです。

天地創造される前に私はいたのです。「父よ、世が造られる前に私がみそばで持っていた栄光で、今、御前に私を輝かせてください」とイエスが言っています。（ヨハネによる福音書17・5）。この言葉のとおりに私たちもならなければいけないのです。

今現実にいることが神の前ですから、ここで栄光を現わしたまえと言うのです。この世を去ってからではいけないのです。「わが前に歩みて全かれ」とは、これを言っているのです。全かれになるとは、ヨハネの福音書の十七章五節の状態になることです。これ以上の光はありません。

必要がないのです。

体はなければならないのですが、肉はあってはならないのです。肉はないけれども、ボディーはあるのです。

今、現実に私たちがいるのは何をしているのか。実はこれが世の始まる前です。世が始まる前を経験しているのです。従って、死ぬことはないのです。生まれてくる前を今経験しているのです。これが本当の般若波羅蜜多です。これがア・プリオリです。これが山上の垂訓に出ているのです。

「幸いなるかな、幸いなるかな」とイエスが言っていますが、キリストが祝福するのは、生まれる前の状態に決まっているのです。これが分かったら、はっきり霊を神に渡さなければいけないのです。

肉の思い（自分の思い）を全然問題にしなくてもいいのです。自分が分かるとか分からないということは、どうでもいいのです。聖書に書いてあることだけが真実です。

「悲しむものは幸いである」とあります（マタイによる福音書５・４）。皆様の中に悲しむ心が起きた時、皆様は生まれる前にいるのです。悲しむことがあればあるほどその人は幸いです。これさえ分かれば誰でも救われるのです。

新約聖書は驚くべき書です。これは般若心経を下敷きにしないと分かりません。五蘊皆空を下敷きにしないと分からないのです。

聖書が分かったと思うことが五蘊です。分からないと思うことも五蘊です。気にしなくてもいいのです。

ここまで教えられた私たちは今、全世界の人々に、とこしえの命の現物を与えることができるのです。私たちは今とこしえの命に生かされているのですから、これをそのまま述べればいいのです。

8. 肉の思いと霊の思い

仏典に帰命無量寿如来という言葉がありますが、帰命というのは非常に良い言葉です。これを考えて頂きたいのです。

聖書の奥義は帰命することです。元々人間は地のちりであるものが形を与えられて、鼻から命の息を吹き込まれたのです。そして、生けるものになったのです。

人間の霊魂の原形はリビングソール（living soul）でした。リビングソールであったものが死んでしまったのです。善悪を知る木の実を食べたことによって、死んでしまった。

死んでしまったものが天の所へ帰るのです。これが帰命です。ところが、キリスト教ではどうして帰ったらいいのか分からないのです。

現在の人間と神の命との関係が、キリスト教では分からないのです。命を失ったということが分からない。そうして、現在の人間が完全に死んでしまっているということが、キリスト教では絶対に分からないのです。

キリスト教の人々は、現在の人間が神を信じる力を持っていると思っているのです。これは大間違いです。

現在の皆様の状態では神を信じる力がありません。御霊の助けによらなければ、神を信じることはできないのです。ところが、キリスト教の人々は神を信じることができると考えているのです。これは大間違いです。

御霊の助けというのはどういうことなのか。全く分かっていないのです。現在の皆様は神から切り離されているのです。現世に生きているということは、はっきり死んでいるということです。現世に生きている人間が、神を信じにくいとか、信じられないとか、聖書が分からないというのは当たり前のことです。死んでいるのですから分かるはずがないのです。

死んでいる人間が生きている人間の言うことを聞いて、分かりにくいというのは当たり前のことです。

新約聖書の中でニコデモがイエスに、「先生、私たちはあなたが神からこられた教師であることを知っています。神がご一緒でないなら、あなたがなさっておられるようなしるしは、誰にもできません」と言っています（ヨハネによる福音書3・2）。ニコデモは自分でそう言いながら、何を言っているのか分からないのです。

キリスト教の人々は、イエス・キリストが主であると言っていますが、イエス・キリストが主であるとはどういうことなのか全く知らないのです。これは困ったことです。ニコデモと同じことをしているからです。

イエスが、「誰でも新しく生まれなければ、神の国を見ることができない」と言ったら、ニコデモは、「人は年をとってから生まれることがどうしてできますか。もう一度、母の胎内には入って生まれることができましょうか」と答えたのです。

ニコデモの考え方は今のキリスト教の人々と同じです。とにかく、現実の人間は自分の霊的状態が分からないのです。はっきり言いますと、皆様も自分の霊的状態を知らないのです。皆様はこういう勉強会に参加するという意味が分らないのです。皆様は自分が出ていると思っているでしょう。ところが、自分で出ているのではないのです。神の御霊によって出させられているのです。

皆様は自分で出席していると思っているでしょう。そういう考え方から改めて頂きたいのです。神の御霊によって出させられているのです。こういうことを根本から改めないと、聖書の真理を何回聞いても、本当の納得はできないのです。

皆様の現在の命は死んでいく命です。死ぬに決まっている命です。

命は口偏に令によってなっているのです。口は人口の口です。令というのは、天と地とによって、目に見える世界と目に見えない世界との区別がされている。霊なる世界と肉なる世界と区別がされているのです。

「初めに神は天と地を創造された」と創世記の一章一節にありますが、これが令です。天と地があることを絶対条件にして、人間は生きているのです。

皆様は地上で有意識的な状態で生きていますが、無意識的な状態で罪を犯したから、今度は有意識的な状態で罪を罪と思うかどうかを神が見ているのです。最終的なテストを皆様にしているのです。

こういう勉強会に皆様が出席しているということは、皆様の力量ではないのです。神が皆様にそのように仕向けているのです。神の御霊に栄光を帰するかどうかによって、皆様の運命が決定するのです。

皆様は現在生きていますけれど、実は皆様が生きているのではないのです。これは電気で言いますと、静電状態です。荷電状態と言ってもいいかもしれません。

静電状態はじっとしているのです。皆様の体の中は電気でいっぱいですが、じっとしているのです。ところが、宇宙全体は電気でいっぱいです。この宇宙電気に帰依するかどうか、帰命するかどうかが問題です。

宇宙の電気に帰命すると、宇宙の電気と皆様の命が一つになってしまうのです。イエスの状態は、宇宙の電気の受電状態だったのです。ところが、皆様は受電状態にはありませんから、命の花が咲いていないのです。

命の花を咲かすためには御霊の助けが絶対に必要です。御霊の媒介なしには受電状態にはならないのです。宇宙の電気の受電状態になりますと、宇宙の電気の中へ入っていけるのです。そうすると、死ななくなるのです。イエスがそれを証明して見せたのです。皆様もそれをして頂きたいのです。

宗教を信じている人々は自分がいると思っているのです。自分が信じたら救われると思っているのです。こういう考えを捨ててしまわなければ絶対にだめです。

イエスは私に来なさいと言っています。私の所に来なさいと言っているのです。これは自分がイエスを信じるのではないのです。イエスの中へ皆様が入ってしまうのです。

皆様が私に質問されるその気持ちが間違っているのです。自分が生きていると思って質問しているからです。自分は生きているのではない。死んでいるのです。その意識状態を全部棚に上げて、黙って聖書を信じるのです。黙ってイエスが主であることを信じるのです。これをして頂きたいのです。

男の人はハートが分かっていないのです。ハートで神を信じるということが分かっていないのです。現在の皆様の状態は、マインドで聖書を勉強しているのです。

「自分の心で、神が死人の中からイエスを甦らせたと信じるなら、あなたは救われる。なぜなら、人は心に信じて義とされ、口で告白して救われる」とあるのです（ローマ人への手紙10・9、10）。

心に信じて義とされるというのは、ハートで信じて義とされたという意味です。これは今のキリスト教では絶対にできないのです。心で信じているキリスト教の信者は一人もいないのです。ハートで信じるとはどうすることか。これが難しいのです。もっともっと幼児のようになって頂きたいのです。

皆様はこの世に生まれた時に死んでいるのです。これは創世記の第三章二十二、二十三節を読んだら分かるのです。神は人間を捨てたのです。人間を捨てたからエデンから追い出したのです。

人間は悪魔のようになって、善悪の木の実を食べた。そして、命の木の実を食べているようなことを言っているのです。キリスト教の人々はこれをしているのです。

「善悪利害得失邪正を知ったような気持ちで、キリストの救いを考えようとするであろう」と言っています。だから、神はエデンから人間を追い出したのです。

キリスト教の人々は自分が救われたいと考えて、聖書の勉強をしているのです。これが第一に悪いのです。何よりも悪いのは、自分が救われたいと考えて聖書の勉強をすることです。創世記第三章の大鉄則に反するからです。

キリスト教の根本的な間違いはここにあるのです。自分が救われたいと考える。これが間違っているのです。自分が救われたいと思う者は、必ずその霊魂を失うとイエスは何回も言っているのです。(マタイによる福音書16・24〜26、同10・34〜39、ルカによる福音書9・23〜25)。

まず自分が救われたいと思うことをやめるのです。現在の人間は静電状態です。じっと死んでしまっている状態です。この状態から抜け出して宇宙の大電気の中へ入るのです。入りたいと考えるのです。

宇宙には命が流れているのです。電気が流れているのです。この状態の中に入るのです。花が咲いている世界へ入れというのはこれを言っているのです。花が咲いているということがキリストの言葉です。ここの中へ入って行くのです。

そのためには、まず現在生きている自分を捨てることです。自分という意識を持ったままで、聖書を勉強することが間違っているのです。

日本は極東にあります。日本人は東の果ての民族で、世界で一番できが悪い民族です。国体は世界で一番良いのですが、人柄は一番悪いのです。

日本人という人柄では、まともに聖書を信じることができないのです。いらいらして金儲けのことだけを考えているのです。

皆様がこの世に生まれたということが、死んでいるということです。日本人は死ぬために生まれてきたのであって、生きるために生まれてきたのではないのです。「武士道とは死ぬこととみつけたり」と言います。今の日本人は地獄へ行くために生まれてきたのです。これが今の日本人の運命です。救われたいと思うのはもっての外です。こういうことを冷静に考えることが必要です。そうすると、御霊の助けを受けることができるのです。

御霊の助けがなければ、静電状態から受電状態になることはできないのです。

創世記の二章、三章は、五章、六章以下とは全然違う内容です。四章は譬話なものです。カインの物語とレメクの物語は何を意味するかです。

地球構造とはどういうものか。これが明らかにされたことが今まで全然ないのです。欧米社会、キリスト教社会において、本当に創世記の二章以下の意味がほとんど分かっていないのです。虹の契約という意味が全然分かっていないのです。

創世記の一章から十二章までの状態は、全く白紙のような状態になっているのです。キリスト教はほとんど読んでいないのです。

創世記の一章は多分預言者のネヘミヤが書いたのではないかと思われるのです。トーラーと言われるモーセの五書（創世記、出エジプト記、レビ記、民数記、申命記）はモーセが書いたでしょう。そこには、現在の創世記の一章がなかったのです。創世記一章一節から二章の四節までを抜きにしたのが、モーセが書いた創世記です。ユダヤ人はそういう見方をしていたのです。だから、現在の創世記の一章、二章、三章の全体を通観して考えるということがなかったのです。私たちが初めてしているのです。

創世記の一章が書かれたのはネヘミヤの時代ですから、ユダヤ教の信仰はモーセのトーラーを基礎にしていますので、創世記の一章を知らない信仰になるのです。

私たちは世界で初めて創世記一章から三章までを本格的に勉強しているのです。だから、マインドで聞かず、ハートで聞いて頂きたいのです。

大学や教会で勉強している人はマインドで勉強しているのです。ハートでは全然勉強していないのです。だから、皆様はハートで見るということができないのです。これをよくよく考えて頂きたいのです。

日本の仏教で言いますと、親鸞は相当真面目な人でした。親鸞は人間の救いがなければならないと考えたのでしょう。ところが、親鸞の時代には日本に聖書がなかったのです。だから、抽象的な概念で色々と考えたということになるのです。

自分自身の持ち前の中に、救われなければならないものがあることを直感的に感じたのです。ところが、それがどうしても分からない。分からないから悩んだのです。そうして彼は、宗教を出てしまったのです。自分が興した浄土真宗さえも捨ててしまったのです。だから、晩年の彼は仏教者であったのかなかったのか分からないのです。

こういう親鸞は尊敬に価する人だと思います。宗教を捨てた親鸞が本当の親鸞と言えると思います。しかし、宗教を捨てた親鸞に何かが分かっていたのか、神が分かっていたのかと言いますと、分かっていなかったのです。御霊の導きのようなものを求めたのでしょうけれど、それは与えられなかったのです。

御霊の導きを求める縁を彼は持っていなかったのです。現在の皆様のように、御霊の導きを求める手ずるがなかったのです。だから、御霊の導きを得ることができなかったのです。

皆様には生きているという事実をもっともっと見つめて頂きたいのです。現世に生きている人間は、死なねばならないものだということを熱切に考えることです。これをはっきり考えるのです。

今の皆様の命は死ぬに決まっている命ですから、この命を捨てるのです。生きているうちに死ぬ決まっている命を捨ててしまうのです。そうしたら、死ななくなるのです。

今の命を握り込んでいると、そのうちに火の池に放り込まれることになるのです。この点をよく考えて、できるだけ早く死ぬべき自分の命を捨ててしまうのです。自分を捨てて十字架を負うということをして頂きたいのです。

自分をどうしたら捨てることができるのか。自分を理解したくらいでは捨てられないのです。親鸞は罪人である自分を理解したでしょう。だから、自分はいかなる行も及び難き身であると言っているのです。地獄一定の身であるとはっきり言っているのです。救われようのない自分であるとはっきり言っているのです。

皆様も親鸞と同じように、救われようのない自分を知って頂きたいのです。この点は親鸞は偉いと思います。自分を地獄一定の身であるとはっきり言っているからです。

今のキリスト教の人々は、自分自身を地獄一定の身であるとは考えていません。今のキリスト教の一番悪い所は、神学校制度を造ったことです。これをしたら腐るに決まっているのです。神学校を卒業した者が牧師になっているのです。これが非常に悪いのです。神学校は聖書の信仰を教えているのではない。信仰に関する教条を教えているのです。信仰を教えているのではないのです。信仰に関する教義を教えているのが神学校です。

賀川豊彦氏は日本だけでなく世界的に有名なキリスト教伝道者ですが、彼はキリスト教の神学ばかりを説いていたのです。聖書の福音を全然説いていないのです。

賀川豊彦氏はキリスト教の教条の伝道者であって、聖書の伝道者ではないのです。この人が本当に聖霊を崇めていたら、もう少し正しいことが分かったのかもしれません。青山学院という神学校が、こういう妙な人間を造ったしまったのです。

神学校を卒業すると皆そうなってしまうのです。神学校が中心になってキリスト教の集団ができているのです。教条を教えるのが神学校の目的であって、神学校を卒業した人が牧師になるのです。だから、キリスト教は教義を習う集団になっているのです。

本当の教会は信仰のグループでなければいけないのです。教条を信じるグループであってはいけないのです。ところが、今のキリスト教は教条、教義を信じるグループになってしまっている。これがいけないのです。これは根本的に間違っているのです。

教義と信仰は全然違います。イエスが最も嫌ったのは教義です。今のキリスト教は教義ばかりを説いているのです。

イエスの奇跡は何であったのか。イエスはどうして水をぶどう酒に変えてみせたのか。イエスの信仰はどういうものだったのか。私たちはイエスと同じ信仰を持てるのか。持てないのか。

皆様はナザレのイエスと同じ信仰でなかったらだめです。私に来なさいとイエスが言っているのは、イエスの中に住み込んでしまうことを言っているのです。今のキリスト教はイエスが全然分かっていない。イエスの中に住み込むということを全然考えていないのです。だからだめです。

皆様は自分という人格を持ったままで、キリストを掴まえようとしてもだめです。自分の人格を捨ててしまって、空っぽになって、イエスの中に入ってしまうのです。

イエスの中に入ってしまうのです。イエスが私に来なさいと言っているのは、イエスにアバイド（abide）してしまうことです。イエスの中に入ってしまうのです。これが分からなければ、イエスの十字架が働かないのです。

イエスは、「自分を捨て、自分の十字架を負うて私に従ってきなさい」と言っています（マタイによる福音書16・24）。これは基本的なことです。こういう内容がキリスト教の神学にはありません。

自分を捨てなさいと言ったら、皆教会に来なくなるからです。死んでしまうに決まっている自分を早く脱ぎ捨てるのです。罪人である自分を持ったままで、イエスを掴まえようとしてもだめです。

自分を捨てて、自分の十字架を負えと言っているのですから、これを実行して頂きたいのです。自分が生きていたらだめです。生きているうちに自分を捨てるのです。そうしたら、救われるのです。親鸞は地獄一定の自分をどうして捨てたらいいのか分からなかったのです。皆様は分かります。十字架を負ったらいいのです。何でもないことです。簡単です。

自分の十字架を負うというのは、罪人である自分が死んでしまうことです。これを実行するのです。そうすると、死ぬべき自分がなくなってしまうのです。死ぬべき自分が消えてしまうのです。

死ぬべき自分が消えてしまっても、心臓は動いています。これが死なない命です。

皆様は自分が生きていると思っていますが、これは考え違いであって、今生きているのは自分ではないのです。生きている真髄はイエスと同じものです。

皆様という人間が生きているのではない。霊魂が生きているのです。目が見えること、耳が聞こえるのは霊魂です。霊魂が生きているのです。

五官の働きが生きている。これが霊魂です。自分が生きているのではないのです。霊魂の働きが見ているのです。聞いているのです。霊魂の働きが話をしているのです。

仕事をしたり話をしているのは霊魂の働きです。霊魂の働きの実体がナザレのイエスと同じ命です。固有名詞の自分は何処にもいないのです。これをよく考えて頂きたいのです。

自分の思いを捨てるのです。自分を捨て、自分の十字架を負うて私に従ってきなさいとイエスが言っているのです。

五官の働きが皆様の実物です。五官の働きを掴まえたらいいのです。五官の働きさえ掴まえたらいいのです。これが霊魂で、これがイエスです。だから、イエスは私に来なさいと言っているのです。

固有名詞と霊魂は別人です。霊魂はイエスと同じです。人の子です。固有名詞の人間は死ぬに決まっているのです。イエスと同じ霊魂は絶対に死なないのです。

固有名詞の自分は本体ではありません。私の本体はザ・リビングです。これを私と考えているのです。ザ・リビングはイエスと同じものであるのです。だから、私とイエスは同じ人間だということがよく分かってくるのです。

ここまで分かりますと、死ぬべき自分がなくなってしまうのです。これをイエスを信じると言うのです。

自分を捨て、自分の十字架を負うというのは、マインドではできません。ハートならできるのです。

見ているのは固有名詞の人間ではありません。生まれながらの本性、先天的な本性が見ているのです。先天的というのは生まれる前の自分です。固有名が付けられる前の自分です。これが見ているのです。これがイエスです。イエスを信じるとはこれを信じることです。

皆様は罪人であることをまずよく知ることです。死んでしまっている者であることをよく知ることです。そうすると、現世に生まれた自分が消えてしまうのです。

現世に生まれた自分が消えてしまわなければ、本当の自分を知ることができないのです。この所をよく考えて頂きたいのです。

輪廻転生を盛んに宣伝している宗教がありますが、これは最も悪い宗教観念です。輪廻転生を信じますと、真面目に聖書の勉強ができません。経典の勉強でも真面目にできなくなるのです。

永劫回帰という言葉がありますが、これは聖書全体のすばらしいスケールを現わしているのです。宇宙全体は回帰しながら上っていくのです。回帰しながら永遠に進化発展していくのです。

これは転生とは全然違います。転生を絶対に信じてはいけないのです。すべてのものは神から出て神に帰る。これが永劫回帰です。これは輪廻転生とは全然違うものです。

聖書に次のようにあります。
「神は霊であるから、礼拝をする者も、霊とまことをもって礼拝すべきである」（ヨハネによる福音書４・24）。

神を誠に礼拝することができたら、その信仰はまともな信仰です。もし皆様が神をまことに礼拝していたらそれでいいのです。

霊と誠をもって神を礼拝するということは、キリスト教では全く分からないのです。キリスト教には神の礼拝は全くないのです。全世界のキリスト教会が分からないのです。

キリスト教会が間違っているというのは、キリスト教には誠の神の礼拝がないからです。霊と誠が分かっていないのです。

イエスは霊と誠をもって神を拝せよと、何でもないことのように言っていますけれども、これは簡単に分かることではないのです。霊で神を拝するとはどういうことなのか。

神は霊であるということは何とか分かるでしょう。霊なる神とはどういう神なのか。例えば、今ここに神がおいでになるに決まっていますけれど、何処にどうしておいでになるのか。この説明がキリスト教ではできないのです。

キリスト教の人々は、神が何処にどうしておられるのか、さっぱり分からないのです。無礼千万な礼拝をしているのです。

神がいますことが分からないのです。あるということが神です。モーセが神に、あなたの名前（実体）は何ですかと聞いたら、神は「私は、有って在る者」と答えたのです（出エジプト記3・14）。これがユダヤ教もキリスト教も分からないのです。

聖書学者、神学者は、ヘブライ語の原典を引っ張り出して色々説明をするのです。しかし、霊的に、また、具体的には有って在る者とはどういうことかということを聞いても、本当の意味が分らないのです。霊的に、魂的に正しく理解している人が、全世界的にいないのです。

私は神によってこれを教えられたのです。神が私の味方であることがはっきり分かるのです。従って、私は神の代理者としての役目を与えられているのです。神が私に神の名前を教えることを許しているのです。

宗教は間違っている。全世界のキリスト教は間違っていると、大それたことを堂々と言っていますが、神がそれを許しているからです。

「ある」ということが神です。人間の命があること、肉体があること、地球があること、皆様の目が見えること、手が動くこと、万物があること、大自然があることが、神です。

神というのは電気の本家です。電気の本家である神が、人間を荷電状態にしているのです。それで人間は生きているのです。生きているということは荷電されていることです。人間の生活は考えることから、食べること、仕事をすること、肉体的にも心理的にも、すべて電気の働きです。これが神です。

宇宙構造は大きい電気です。人間は小さい電気です。大きい電気と小さい電気があるのです。大きい電気と小さい電気を一つにしてしまうと、死なくなるのです。この状態を、霊と誠をもって神を拝すると言うのです。

まず皆様に必要なことは、肉体の思いを捨てて、霊の思いで見ることです。

パウロは言っています。

「肉の思いは死であるが、霊の思いはいのちと平安とである」(ローマ人への手紙8・6)。

肉の思いをやめて、霊の思いを掴んでいくのです。霊の思いを掴まえることになりますと、固有名詞の自分という人間がいないことがよく分かってくるのです。

肉の思いとは何か。目に見えている地球はあるのではないということです。目で見ている家とか人間があるのではないのです。

目で見ているものは実体ではないのです。般若心経で五蘊皆空と言っていますように、目で見ているものは実在ではないのです。これは聖書の肉の思いは死であるということと同じ言い方をしているのです。

こういう本質的な土台の勉強をして頂きたいのです。神学の勉強をするのではなくて、信仰を勉強して頂きたいのです。神学の勉強は何年しても、何十年してもだめです。キリスト教の勉強を何十年してもだめという意味はこういう理由からです。

神学ではなくて信仰が必要です。そのためには、肉の思いを捨てて霊の思いに立つのです。これをして頂きたいのです。

霊の思いを持つにはどうしたらいいのかと言いますと、生きているということ、リビングの直感がいるのです。

花を見てきれいだと思う直感の内容です。これが霊の思いです。人がいると思う直感です。これは一日や二日間説明をしても分かるものではありません。これは肉の思いを捨てて、霊の思いに移ろう移ろうと考え続けて、御霊の導きを求めて求め続けていれば、御霊が必ず助けてくださるのです。

地球の働きがあるのではない。御霊の働きが地球の働きのように見えているのです。物理的な地球の働きがあるのではないのです。御霊の働きがあるだけです。

電気の働きが地球の働きになっている。電気というのは不思議なものです。これが御霊の働きです。マイト（might）という力があります。

パワー（power）というのは物理的な力を指していますが、マイトというのは霊理的な力です。宇宙には霊理的な力と物理的な力の二つが働いているのです。

パワーというのは物理的なもので肉なるものです。これは本質的にはマイナスの力です。マイトはプラスの力です。宇宙にはプラスの力とマイナスの力があるのですが、これが電気の根源になっているのです。これを人間はエネルギーと言っているのです。こういうことが霊です。
プラスの力のリーダーシップを取っているのが御霊です。神が霊であるということの中には、絶対的な宇宙構造が入っているのです。

固有名詞の自分がいる。肉体人間がいると思えるのは肉の思いで見ているからです。本当は肉の自分はいないのです。これが分かりますと、霊なる思いで神を拝することができるようになるのです。

霊なる思いで霊なる神を拝するのです。これをして頂きたいのです。霊の思いは命であり、平安であるとパウロが言っています。霊の思いを持つように勉強して頂きたいのです。

これはキリスト教ではできません。キリスト教の人々は自分が救われたいとか、人間が聖書を解釈しようとしていますが、これは根本から間違っているのです。聖書を解釈するのは神の御霊であって人間が解釈してはいけないのです。

聖書の言葉は一つひとつ霊解すべきものです。神は霊ですから、これを拝する者も霊と誠をもって拝すべきです。これをきちんと霊解しなければいけないのです。

キリスト教の人々は聖書の言葉を霊解していません。だから、いくら聖書を読んでも言葉の命を捉えることができないのです。

人間は罪人として生まれてきたのです。生まれた時から罪人なのです。自分が救われたいとか、自分を立てようとすることは、悪魔を立てようとしているのと同じ意味になるのです。

イエスはユダヤ人に向って言っています。「あなたがたは自分の父、すなわち、悪魔から出てきた者であって、その父の欲望どおりを行おうと思っている」（ヨハネによる福音書8・44）。

自分の意見を述べているのは、肉の思いをそのまま述べているのであって、これは嘘という本音を吐いているのです。悪魔の嘘という本音を吐いているのです。

皆様が意見を述べているのは実は皆様の意見ではなくて、皆様を動かしているものの意見なのです。イエスはそう見ていたのです。

皆様の背後には悪魔が付いているのです。自分の意見を述べているつもりでも、悪魔の意見を述べているのです。悪魔の意見を代弁しているのです。すべての人間は悪魔の子なのです。

今生きている人間は死ぬに決まっている人間です。死ぬに決まっている人間であることをやめて頂きたいのです。皆様の魂は死なないものです。

命の息を吹き込まれて魂になったのが人です。だから、皆様の魂は神から吹き込まれた命の息であって、死ぬことができないのです。

人間である皆様は、八十年か九十年で死んでしまいます。死んでしまうに決まっている人間としての自分と、死ぬことができない魂の自分と、二重人格になっているのです。どちらを自分と見るかということです。これをまず考えて頂きたいのです。

死ぬのが自分だと考えるのなら、聖書の勉強をする必要はありません。死なないのが自分だと考えるのなら、一緒に聖書の勉強をしたらいいと思います。

自分を捨てよう捨てようとしてもどうしても捨てられない人は、一緒に聖書を勉強したいと思います。自分を捨てるために意見を述べている人は、長足の進歩を遂げることができるでしょう。私は皆様と一緒に、魂が進歩するための勉強をしたいと思っています。

のです。

9．未完全の地球と未完成の人間

明治時代になって日本が西洋文明を取り入れたために、日本人の考え方が激変してしまったのです。

日本の中世から、幕藩体制の観念が親代々からの伝承として人々の中に深く染み込んでいるのです。一方、明治の文明開化によって西洋文明の考え方が入り込んでいるのです。そうして、経済大国になった日本の考え方があって、世界観がごちゃごちゃになっているのです。

現在の日本人に聖書について話をするということが非常に難しいのです。私がお話しする聖書はキリスト教の聖書ではありません。キリスト教で考えているような聖書ではないのです。

新約聖書の中心はイエスという人についてです。イエスは宗教を非常に嫌ったのです。宗教を徹底的に嫌った結果、宗教家に殺されたのです。

イエス・キリストと言いますが、イエスがキリストになったのです。イエスとキリストは別のことです。イエスは人間ですが、キリストは神の地球計画のことです。

イエスがキリストになったのです。このことは普通の人間の常識では分からないのです。このことを皆様に説明するためには、根本的な問題をお話ししなければならないのです。

聖書に霊《れい》という言葉が出てきますが、霊とは上のことです。しかし、上というのは人間の常識で考える上ではないのです。

人間の常識は下のことです。皆様の肉体は肉です。これは下のことです。霊とか魂というのは上のことです。

神というのは上という意味です。神様というのは上様ということです。上が霊ということの本性になるのです。例えば、太陽があるのかと言いますと、ないのです。太陽は水素が核融合反応によって、ヘリウムに変化しているだけで、太陽という固体があるのではないのです。

核融合反応という活動があるだけであって、太陽という物体があるのではないのです。これは物理運動は存在するが、物体は存在しないという考え方と同じです。

物質や物体が存在するというのは下の考え方です。上の考えは、物質や物体は存在しないというのです。しかし、何かがある。これが霊です。何かというのは霊です。

皆様は肉体人間として現世に生きています。しかし、現世に生きているということが、果たして実体的に存在しているのかと言いますと、実体的には存在していないのです。

太陽が実体的に存在していないように、皆様の肉体も実体的には存在していないのです。生理機能と心理機能が機能しているだけです。

生理機能と心理機能がある。これを霊と言うのです。機能の働きを霊と言うのです。医学の常識では呼吸機能、消化機能があると考えているのです。肉体が本質的に実体的にあるのかと言うと、ないのです。機能があるだけです。

般若心経の般若波羅蜜多というのは、人間の肉体存在は幻であると言っているのです。太陽があるという考え方が、幻を信じているのと同様です。

これが分かりますと、皆様の物の考え方の中心が変わってしまうのです。物理運動はあるが、物質は存在しないと教えています。ところが、家へ帰ると、物質が存在するという観念で生活しているのです。

理論的には物質は存在しないことを知っていながら、観念的にはあり得るような気持ちで生きている。皆様の人生は本来矛盾した考えを踏まえて成立しているのです。

皆様が宗教ではなく、伝統、習慣ではない本当の人生を捉えようとするのなら、また、魂の実体を掴まえようとするのなら、考え方の間違いを是正して頂きたいのです。

理論的には物質が存在しないことを知っていながら、生活観念としては物質が存在するという気持ちで生きている。

世界の実体と生活感覚とが違っている。これが皆さまの人生に無数の矛盾を生んでいくことになるのです。色々な病気が発生し、社会的な混乱が起きることになるのです。

日本人は聖書というとアレルギーを感じるのです。これは日本の歴史がそうさせていると言うことができますし、民族の伝統がそうさせていると言えるでしょう。

日本には日本の霊があるのです。日本の霊というのは巫女の口寄せ的な霊、霊媒的な霊です。

これは神霊科学の霊です。こういう霊によって日本の神を造っているのです。

八百万の神々は、氏神と産土神とがあるのです。氏神は先祖のことです。産土神は土地を守る神さまです。先祖の霊と土地の霊の二つの霊が、日本では正当に信じられているのです。

日本人にはシャーマニズム的な感覚、霊媒的な感覚が強くこびり付いているのです。八百万の神々というありもしないものを、あるように考え込んでしまっているのです。

日本人の常識としては、八百万の神々が本当の神でしょう。ところが、八百万の神々というのは、人間が勝手に造った神であって、そんなものが実在するはずがないのです。

こういう誤解を払拭して頂かなければ、本当の真実をご理解して頂くことはできないのです。日本人は誠に困った民族です。こういう感覚で聖書に対してアレルギーを感じるのです。

八百万の神々みたいなものをまともに信じているのです。まともに信じないとしても、民族の伝習としてそういうものが皆様の心の中に貼り付いているのです。子供のうちから神社仏閣に参った経験がたくさんあるのであって、そういう感覚が皆様の脳髄に焼き付いていますから、民族的な宗教観念があるのです。そういうものがあるために、聖書の神に対して本質的なアレルギーを感じるのです。

そこへキリシタンバテレンという考えが加わったのです。だからますます聖書の神を嫌うことになったのです。

私が言う聖書はキリスト教の聖書ではありません。キリスト教は西洋の宗教の宗教教義を述べ伝えるために、聖書を利用しているのです。

聖書に基づいて、宗教教義をでっち上げたと言ってもいいでしょう。キリスト教の宗教観念は白人の世界観、人生観から出ているものです。

現在ではキリスト教の思想が濃厚に働いて、文明を造っているのです。本当の命が分からないままの状態で、文明が造られているのです。

人間文明には目的がないのです。全世界の人間は目的がない文明に従って平気で生きているのです。全くどうかしているのです。

現代文明には色々な矛盾が山積しています。政治、経済にも矛盾がありますし、教育の中にも矛盾があります。校内暴力、家庭内暴力も頻発しているのです。

そういう矛盾がなぜ頻発するのかと言いますと、人間とは何かということが分かっていないからです。

文明に目的もないし、政治、経済、社会にも目的がないのです。皆様は何を目的にして生きているのでしょうか。現在、皆様が生きているということについて、どのような目的があるのでしょうか。

目的を持たないで生きている人間を現代人と言うのです。現代人の文明はユダヤ人が造ったものです。ユダヤ思想そのものが本質的に宗教観念です。これが現代文明になっているのです。

人類は現代文明に洗脳されているために、人間とは何かということについて全く分からないのです。分からないと言えば何もかも分からなくなっているのです。

そこで、私たちはまず般若心経を文字どおり学んでいかなければならないのです。宗教ではない般若心経を勉強するのです。

日本には般若心経を読んだり書いたりしている人が、一千万人以上はいるでしょう。中には写経をして千円を付けて寺へ送っている人もいますし、そのお金で寺を建てている所もあるのです。

般若心経はそういうことのためにあるのではないのです。般若心経は人間の考えが間違っていると、真正面から言っているのです。今の人間の考え方が根本から間違っていることを、率直に指摘しているのです。

ところが、般若心経を読んでいる人間がその意味を考えないで、ただ読んでいるのです。また、写経しているのです。そうして有難がっているのです。何をしているのかと言いたいのです。

こういうばかげた人生観の基本を叩き破ることが、私たちの目的です。文明が間違っているのです。これにはっきり目覚めて頂きたいのです。人間は何を考えて生きるべきか。人間の命の本質は何であるのか。こういうことについて勉強しなければならないのです。

命の実質が分かれば、皆様の心理状態にある矛盾、行き詰まりは解決するに決まっているのです。神や仏にお願いしなくてもいいのです。人間の実質が本当に分かれば、皆様の家庭にあるごたごたとか、会社内にあるごたごた、皆様個人の中にある矛盾は、自ら消滅するに決まっているのです。

そのために、私たちは般若心経を文字どおりに理解する必要があるのです。

聖書はかなり難しいのです。聖書の神は造り主ですが、神が万物を造るというのはどういう意味なのか、何のために神は万物を造ったのか。造られたものと神との関係はどうなっているのか。こういうことは少々難しすぎるのです。

神と人間との関係を正しく認識するためにもまず必要なことは、皆様の中にある間違った世界観や価値観を整理する必要があるのです。

イエスが死を破ったということは、歴史的な事実です。日曜日はイエスが死を破った記念日です。これは世界中どこでも通用しているのです。

イエスが死を破ったということが、歴史的に存在しているのですけれど、人間は死なねばならない者だと、勝手に思い込んでいるのです。

こういう間違いを、般若心経を学ぶことによってなくしてしまうことが必要です。

般若心経は「観自在菩薩、行深般若波羅蜜多時、照見五蘊皆空、度一切苦厄」と言っています。般若波羅蜜多を行じていた時に、人間の思いが皆間違っていることが分かったので、人間の生活の中にある一切のごたごたが全部解決したというのです。般若心経の心中において、すっかり解決したと言っているのです。

般若心経は人間の考えが間違っていることを真正面から取り上げているのです。ところが、般若心経を読んでいながら、その間違いに気付いている人はめったにいません。論語読みの論語知らずと同じように、心経読みの心経知らずになっているのです。

五蘊皆空、色即是空、究竟涅槃が般若心経の三本柱のようなものですが、こういうことに対する理解がないままの状態で、般若心経を読んでいるのです。

なぜこうなってしまったのかと言いますと、般若心経を仏教のテキストとして扱ってしまったからです。般若心経を仏教のテキストとして扱ってしまいますと、宗教になってしまうのです。

宗教なら信じても良いですし、信じなくても良いのです。従って、般若心経のテキストとして扱っている場合には、般若心経の文字が本当のものとして意識されないのです。

これは般若心経が悪いのではなくて、宗教が悪いのです。

イエスの復活については大変な間違いがあるのです。キリスト教でもイエスが復活したということは言いますけれど、復活とはどういうことなのか。科学的にどういうことを意味するのか。現在の人間と、復活したイエスの命とはどういう連関関係を持つのか。こういうことはキリスト教では全く分かりません。

般若心経と聖書は全く誤解されているのです。どこまでも宗教ではないものを、宗教のテキストにしてしまったために、こういう間違いが発生したのです。

神は上にあるものです。太陽がなぜ存在するのか。太陽が太陽であることが神です。人間が人間であることが神です。

皆様が人間であるということが神です。存在の当体です。実存の実体が神です。

神は霊ですが、常識では分からないものです。上なるものです。上をひっくり返しますと下になるのです。下にあるのが人間です。上にすると神になるのです。神と人間の関係はこういうことになるのです。

皆様は下にいますが、上を見るなら、皆様自身の存在が神と同じ存在であることが分かるのです。

これは宗教では分かりません。皆様が現在生きていることが神です。皆様の心臓が動いていることが神です。これが分かると皆様に死なない命が自覚できるのです。

イエスはこれを自覚したのです。自覚したから死を破ることができたのです。皆様が生きていること、目が見えること、心臓が動いていることが神です。神という事実を、皆様は生理機能という形で、または心理機能という形で、経験しているのです。

ところが、自分は肉体人間だと考えている。こういう考え違いがあるために、死なねばならないことになるのです。人生に行き詰ったり、病気になったりするのです。

皆様の人生の矛盾は、命が分からないから発生するのです。

日本人は生活することに大変熱心ですが、命についての勉強をしていないのです。死んでしまうに決まっている命を、自分の命だと思い込んでしまっているのです。

放っておいたら今の日本人は皆死んでしまうに決まっています。皆様も今のままでは死んでしまいます。こういう命を持っていても仕方がないのです。そこで命の実体を真剣に突き止めてみようというお気持ちになって頂きたいのです。

皆様の五官の働きが神です。この神を発見したら死なない命が発見できるのです。

今の学者は、現在の地球はこれから五十億年も存続する可能性があると考えています。そういう説を発言する学者があるようです。

そういう説を考えるのは自由です。人間の考える常識や理屈はどうにでも言えるのです。「理屈と膏薬はどこへでも付く」という諺がありますように、どう考えようが自由ですが、現在生きている命の実体について、どのようにお考えなのかということです。

現実に人間はどんどん死んでいくのです。死んでいく人間をどのように考えたら、死なない人間になるのかということです。宗教ではない立場から、人間の命をどのように見ることができるのかということです。

今現実に生きている人間の中に、本当の自由、本当の幸せがあるのか。どうしたら本当の自由、本当の幸せを摑まえることができるのかということです。

仏教では五十六億七千万年後には、この地上に弥勒菩薩が現われて、人間に幸せを与えると言いますが、こういう考え方は、現在の人間の命と何の関係もないのです。

こういう考えは単なる宗教情報にすぎないのです。情報を学ぶよりも、実体を見る方が大切です。

私が話していることが宗教ではないということは、現在生きている皆様の命の実体に秘密があるということです。

現在の文明をどのようにしたらいいのか。文明のどこがどう間違っているのかということを言いたいのです。こういうことについて真面目に考えてみませんかとご提案しているのです。

宗教指導者や学者が言っていることが良いか悪いかということではなくて、そういう情報を勉強しても、死なない命が分からないということをお話ししたいのです。

宗教が言っていることはただの情報です。情報が正しいか正しくないかではなくて、情報は命にならないということを申し上げたいのです。情報はどこまでも概念です。概念をいくら学んでも命にはならないのです。

般若心経を学ぶと命になるのです。五蘊皆空、色即是空、究竟涅槃は命への導きになるのです。命を学ぶための具体的な導きを、般若心経は提供しているのです。

イエスが死を破ったということは、現在の皆様の命と、イエスが復活した命が、重大な関係があることを示しているのです。

人間は考え違いをしているから死んでいくのです。人間はなぜ死ぬのか。死にたくない、死にたくないと言っていながら死んでいくのです。

皆様が死にたくないと思っていることは、死ななくてもいい方法があることを、暗黙のうちに承知していることになるのです。

皆様の本心とか、本願とかいうものは、人間の常識で分からないことを直感的に知っているのです。これが本願です。

人間の本能は官能ではありません。本能は人間の本性に基づく能力性であって、これが永遠の命があることを直感しているのです。

皆様の潜在意識を明確に喚起したいのです。呼び起こしたいのです。そのためには、まず般若心経に基づいてお考え頂きたいのです。情報に頼らないで、皆様が生きている命の実感に基づいて勉強して頂きたいのです。

日本の新興宗教が守護霊ということを盛んに言っています。これは嘘ではありませんが、本当の守護霊というのは、新興宗教で言うようなものではありません。

宗教では民族の霊とか、国の霊とか言います。日本の産土神は土地の霊です。こういうものはありますが、本当は最高の霊が一つあるだけです。これ以外に霊はたくさんありますが、これは神霊科学で言う霊です。これは本当の意味の霊ではないのです。

これは上の霊ではなくて、下の霊です。下の霊は人間が造った霊です。人間の便利のために造っている霊です。これが守護霊というものです。こういうものは考えない方が良いのです。

私が申し上げたいことは、皆様ご自身の目が見えること、心臓が動いていることが、宇宙の命の中心である神の霊であるということです。神自体の現われです。

神の霊というのは神が機能する状態です。神というのは意志する状態と、言《ことば》を発する状態と、働く状態と三つあります。原理と原則と原動力の三つです。この三つが神です。これが三位一体の神です。

キリスト教ではこういうことが分かりません。神が分からないからです。宗教の神と本当の神とは違います。

皆様の心臓が動いていることの中に、宇宙の命がそのまま神の御霊の働きとしてあるのです。皆様の目が見えること、皆様の心臓が動いていることが、そのまま神の守護的な形として、皆様と共にいるのです。これが最も明白な本当の守護霊です。

神が皆様と共にいるのです。皆様の心臓が動いていることが神ですから、これが分かりましたら死ななくなるのです。自分が生きているという間違った考えに立っているから、これが分からないのです。

自分が生きているという考えが、人間を不幸にしているのです。全世界の人間が、自分が生きていると考えているのです。

自分が生きているという考えほど、人間を不幸にしていることはありません。皆様は自分が生まれたいと思って生まれたのではありません。従って、皆様の命はあるはずがないのです。

もし皆様が自分で生まれたいと思ったとしたら、自分はいるでしょう。今の命は自分の命だと考えてもいいかもしれませんが、この場合でも、命は自分のものではないのです。自分の体を自分で造っていませんから、命は自分のものであるという考えはおかしいのです。

人間は自分が生まれたいと思わないのに、知らない間に生まれていたのです。皆様が生まれたということ自体が、皆様の性ではないのです。従って、命は自分のものではないのです。

これは少し冷静に考えれば分かり切ったことです。人間は理性的に生きていますから、みずから意識するということが必要です。みずから意識することがなければ、理性的に生きることはできませんから、自意識が必要です。

何のために自意識が必要かと言いますと、すべてが神の所産によるのです。皆様の事情境遇が、目が見えることも目に見えないこともあります。可視的な世界も不可視的な世界も、皆全能者である神の所産です。神に基づいて存在しているのです。

神とは何かと言いますと、存在の根源です。例えば、花が咲いていますが、この事がらの根源が神です。皆様の心臓が動いているという基本が神です。

存在の根本が宗教家に分かっていないのです。仏教に大日如来という言葉がありますが、これは神の人格性を抽象的に考えた名称です。

阿弥陀如来も同様です。人間の理想人格を概念的に現わした尊称になるのです。実在している人格ではないのです。

聖書の神は現実に万物を造ったという事実があるのです。存在の実体が今の人間に分かっていないのです。文明という情報がそのようにしてしまったのです。

ユダヤ人の情報社会が存在から実体を奪ってしまったのです。存在するというのは何か。物が存在するのではないのです。正当なエネルギーが存在するのです。正当なエネルギーの働きが、存在のように見えるだけです。

物質はすべてあるように見えますが、物質ではないのです。太陽には水素がヘリウムに変化するという活動はありますが、太陽という固体があるのではないのです。

そのように物理運動はありますが、物質はないのです。宗教で言う神や仏が存在するのではないのです。

本当に存在しているのは皆様の五官、生理機能、心理機能です。機能が存在そのものです。目が見えるということが存在そのものです。

人間はいないけれどもあるように見えるのです。これが霊です。霊的に自分を見るようになりますと、その人の人生観や生命観が変わってしまうのです。そうして、人生にわだかまっている矛盾や混乱は解消するのです。解消しなくてもいいのです。

宇宙には矛盾があるのです。宇宙にある矛盾が現象体になって現われているのです。宇宙に矛盾が存在するから、物質と言えるようなものが現われているのです。この状態を解明することが霊です。

霊的に見ることができれば皆様の実体がはっきり分かるのです。皆様の肉体がないこともよく分かるのです。そうすると、死なない命が分かるのです。

イエスは霊を見つけたのです。そして、霊に生きたのです。その結果、イエスは死を破ることができたのです。

皆様もその真似をしたらいいのです。誰でもできるのです。私がしていますから、皆様もできるに決まっているのです。

宗教観念でキリストを信じてもだめです。宗教観念で聖書がいくら分かってもだめです。宗教ではなくて、存在そのものを勉強なさったら、皆様は死なない命がはっきり分かるのです。

今の人間は人間の常識に基づいて地球存在を考えているのです。しかし、常識的に考えるということは、死んでしまうに決まっている人間の考え方です。

死んでしまわない考え方で言いますと、現在の人間は誰でもまだ一人前の人間ではないのです。発達過程にある人間です。発育過程にある人間です。

現在の人間を既に成長した者、完成した者というように考えますと、間違ってくるのです。こういう考え方がユダヤ人の考えです。

今の人間は一人前の人間だとユダヤ人は考えているのです。ユダヤ人は今の地球は完全な地球だと考えているのです。地球上で人間が幸せになるべきだと考えているのです。これがユダヤ人の文明思想です。これが間違っているのです。

今の人間も、万物も、実は発達過程にあるのであって、過渡的存在です。まだ完成されていないのです。従って、人間は死んだらどうなるのかということを先にまず考えて頂きたいのです。死んでしまってどうなるかというよりも、今生きていることについて考えなければならないのです。今生きている皆様の考えを新しくしたら、新しい価値観が分かってくるようになるのです。そうしますと、自分の命に対する見方が変わってくるのです。

皆様は成長過程にあるのであって、本当の命を知らないのです。

神は皆様に生活することを許しているのです。生活を与えているのです。生活を与えていますが、生命の実物、生命の実感をまだ与えていないのです。

なぜかと言いますと、生命の実感というのは、皆様自身の魂が目を覚まして捉えるべきものです。

皆様は生活する能力はありますけれど、命そのものを認識する能力を持っていないのです。これが今の人間が不完全であるという証拠です。

今の世界には不完全な人間ばかりがいるのです。死んでしまうに決まっている人間ばかりが、二〇二〇年現在で七十六億人もひしめいているのです。そうして、文明を造っているのです。

こういうものを本当の文明だと思うことが間違っているのです。これはユダヤ人が造っている文明であって、皆様がユダヤ人の文明に追従する必要はありません。

現代文明は皆様の理性を引きずり回しているのです。文明意識が皆様を引きずり回しているのです。これはとんでもないことです。

皆様はこの世の常識、学問に引きずり回されているのです。学問も常識もユダヤ人の文明が造ったものでありまして、大体、文明は人間に奉仕すべきものです。ところが、現在の人間は、人間が文明に奉仕しているのです。これがユダヤ人の政策です。

文明は人間に仕えるべきものです。ところが、現在では、人間が文明に仕えているのです。民主主義という概念、基本的人権という概念がユダヤ思想です。

ユダヤ思想は人間の常識を甘やかしているのです。人間の常識を甘やかすことによりまして、人間自身を文明的な感覚に酔わせてしまうのです。

酔生夢死という言葉がありますが、人間は酔っぱらって生きているのです。そうして、夢のように死んでいくのです。これが今の人間です。現在の文明社会の人間は全部酔生夢死にされているのです。

現在の人間が完全な人間だと思っているから、文明に一杯引っかかっているのです。現在の人間は未完成の人間であって、不完全な人間ばかりです。これから成長すべきです。

今の人間の状態や思考能力の状態を考えれば、自分自身が非常に不完全であることが分かるでしょう。これを完全な人間だと思うことが間違っているのです。ここにユダヤ思想のトリックがあるのです。

現在の人間も、世界も不完全です。今の地球ではいつ地震が起きるか分からないのです。いつ病気になるか分からないのです。

今の地球に砂漠が増えているのです。人間の文明が続けば続くほど、砂漠が広がっていくのです。地球が荒廃していくのです。これは地球が不完全であること、未完成であることを意味しているのです。

神が本気で造ったのなら、こんな不完全な地球を造るはずがないのです。今の地球が不完全なように、皆様も未成人です。未成熟です。不完全です。このような謙虚な考えを持つことです。これが般若波羅蜜多の本当の意味になるのです。

彼岸に渡るのです。まだ地球上に彼岸が実現していないのです。彼岸というのは完成された地球を言うのです。完成された人間のことを指すのです。これはまだ地球に現われていないのです。

現在の文明のような程度が低い文明を、本当の文明、完成された文明のように考えさせられているのです。これがユダヤ文明のいんちき性です。

般若心経をはっきりご覧になればこういうことが分かるのです。釈尊は般若心経で、今から二千五百年前に、五蘊皆空と言っているのです。人間の考えは皆間違っていると言っているのです。だから、もう一度般若心経を勉強して頂きたいのです。

人間がこの世に生まれてきたことが業《ごう》です。肉体的に生まれてきて肉体的に生きていることが業です。般若心経に涅槃という言葉があります。涅槃というのは人間の気持ちが冷えて、消えてなくなってしまうことを言うのです。ニル・バー・ナーという梵語を指しているのです。

皆様の気持ちが冷えて、消えてなくなってしまいますと、皆様の生まれる前の感覚が、分かってくるのです。

純粋という言葉がありますが、純人があるのです。涅槃が分かると純人が分かるのです。涅槃を徹底させますと、皆様は業を果たしてしまって、業にまといつかれていない人間が分かってくるのです。

皆様が今生きているのは、皆様がこの世に生まれる前の種があるのです。生まれる原因があるはずです。

現在皆様は日本人として生きているのですが、これは結果です。このような結果が出現するためには、生まれる前に原因があったのです。過去的な皆様の人生があったのです。

これを聖書で言いますと、陥罪以前ということになるのです。人間は陥罪によって業に落ち込んでしまったのです。

今の人間は、常識、知識によって押さえ込まれているのです。常識、知識に押さえ込まれているのです。皆様の霊魂が束縛されてしまっているのです。

観自在というのは、陥罪する前の人間の本当の姿です。これを今の人間は自由に持つことができないのです。

色即是空という言葉が般若心経にありますが、これは肉体的に存在する人間はいないということです。そのように考えたいのですが、そのように考えられないのです。

理論物理学の教授が、大学では物質は存在しないことを学生に教えているのですが、自宅に帰ると、物質は存在するという感覚で生活しています。このような矛盾がどうして起きるのかということです。

自分の思想が自分の意識によって束縛されているのです。人間の知識や常識が、人間の魂を抱きすくめているのです。

皆様の後天性によって、皆様の霊魂は不自由なものになっているのです。この世に生まれたばかりに、純人であって皆様の純粋さが消えてしまっているのです。

観自在を勉強しますと涅槃が分かるのです。皆様の思いが消えてしまいますと、皆様は思索が自由になります。自分が存在しないということをはっきり認めることができます。

純人である皆様は自分自身ではないのです。自分自身ではない自分が分かるのです。これが純人です。

皆様は自分のことを自分だと思っていますが、これは自分ではなくて世間の常識、知識が自分だと思っているのです。これは本当の自分ではありません。本当の自分は純人である自分です。これを見つけて頂きたいのです。そうすると、死なない自分が分かるのです。

10. 第一創造と第二創造

今の人間は死ぬために生きているのです。国家や社会は潰れるためにあるのです。文明は混乱するためにあるのです。記録は破られるためにあるのです。

ところが、天皇制はそうではないのです。天皇制は潰れるためにあるのではないのです。潰れてしまった後の世界を救うためにあるのです。こういうことが今の人間に全然分からないのです。天皇制の本当の目的を果たすためには、今の日本は早く潰れてしまった方がいいとさえ言えるのです。

日本は第二次大戦後に非常に発展して、世界第三位の経済大国になったのです。これは天皇制があること、皆様が本当の真理、本当の神を勉強していることと重大な関係があるのです。

プラスのエネルギーの正体が今の世界では分からないのです。プラスのエネルギーはあるのです。これはすばらしいものです。これに拮抗してマイナスのエネルギーがあるのです。

プラスのエネルギーとマイナスのエネルギーは、人格的に存在しているのです。人格においてプラスとマイナスが決定するのです。これがすばらしいのです。

今の文明はユダヤ人が造ったものですが、行き詰ってしまって、どうにもならない状態になっています。ユダヤ人が覚醒しますと、世界に次元の違った歴史が展開するのです。

ユダヤ人の文明が壊されると、世界の歴史が壊されるのです。

ユダヤ人は良くても悪くても、世界の中心になるべき役目を与えられているのです。良いか悪いかの問題ではない。

ユダヤ教の宗教観念が現在の文明になっているのです。ノーベル賞はノーベルというユダヤ人が創設したものですが、これが世界の学問の値打ちを決めているのです。

経済と学問をユダヤ人が押さえているのです。これを振り回したら世界が動いてしまうのです。これがマイナスのエネルギーです。

ノーベル賞という名において、世界の学問を決定しているのです。こういういんちきが公然と行われているのです。

皆様の人生の根本に不思議さが内在しているのです。人間文明の裏も表も手のひらに乗せて説明できなければ、人間の霊魂の説明はできないのです。

地球の森羅万象は大交響楽みたいなものです。グレートシンフォニーです。すばらしいシンフォニーです。そのあり方も事がらも、大シンフォニーになっているのです。これが神の福音の展開のあり方です。

この全部を知る必要はありませんけれども、その中心を貫くメッセージだけは知っていなければいけないのです。仏教という小さい宗教はこれが分からないのです。

今の歴史が正確に認識できますと、永遠の命がどういうものかが分かってくるのです。また、今生きている自分がどういうものかが分かるのです。

皆様は世界歴史に対する正確な認識がないのです。神の第一創造、現在の創造が分からないのです。神が現在の世界を造ったこと、一週間という七つの段階において世界を造ったのです。これが第一創造ですが、この内容が分かると人間の霊魂が分かってくるのです。

これが分からない状態ですと、新約聖書をいくら勉強してもだめです。

イエスは言っています。

「目はからだのあかりである。だから、あなたの目が澄んでいれば、全身も明るいだろう。しかし、あなたの目が悪ければ、全身も暗いだろう。だから、もしあなたの内なる光が暗ければ、その暗さはどんなであろう」（マタイによる福音書6・22、23）。

内の光を本当に知るためには、第一創造が分からなければならないのです。

神が天地万物を展開している状態と、皆様の五官の働きの間には無限の事がらがあるのです。この全体を見通すような眼力がないと本当の人間の命は分からないのです。

女が女であることが分からなければいけないのです。今の人間は生きていながらその意味が分からないのです。生きていながら生きていることが何のことか分からないのです。

内の光とは何か。これが永遠の命になっていくことが分からないのです。皆様が生きていることの中に、はっきり光があるのです。これが神が人間に与えている光です。永遠の光です。

これを皆様は持っているのです。持っているけれどもそれが分からないのです。

文明というものが、人の内にある光を完全に分からなくしてしまったのです。学問、宗教、教育が内の光を分からなくしてしまっているのです。

人間の学問はユダヤ人が造ったのです。ユダヤ教の宗教観念が、学問になったのです。ユダヤ人が考えなければ科学はできないのです。政治や経済の理論はできません。

現代の学問、現代の科学は、すべてユダヤ教の宗教観念から生まれたのです。ユダヤ文明が潰れてしまうと、世界の政治、経済、学問も皆潰れてしまうのです。こういう仕掛けになっているのです。

ユダヤ人のために私たちは祈っていますが、これは文明が早く潰れますようにと祈っているのです。

今の日本人は例えようがないほど愚かです。命について何も知らないからです。天皇制はのんびりしたものです。しかし、文明は間違っているのです。文明が悪くなればなるほど、聖書の真理が表面に出てくるのです。人間が死ぬものではないという大変な真理が表面に出てくるのです。

人間が死ぬべきものではないということが、世界歴史の表面に出てくるのです。私たちは、ユダヤ人の目を覚ましてください、ユダヤ人に本当の命が分かりますようにと祈るべきです。人格とは何かがユダヤ人に分かりますようにと祈って頂きたいのです。

今の人間は死ぬに決まっているのです。人間は何のために生きているのか。死ぬために生きているのです。

人間が死ぬということは当たり前のことです。肉体的に死ななかったらどうかしているのです。ただどのように死ぬのかということが問題です。

聖書から見ますと、今の人間は既に死んでいるのです。死ぬに決まっているということは、既に死んでいることを意味しているのです。このことが、宗教を信じている人には全然分かっていないのです。

現在の人間は命の光を持っているのです。目の使い方が良ければ内の光が明るくなるのです。目の使い方が良いか悪いかによって、内の光が違ってくるのです。

目の使い方が良いとはどういうことかと言いますと、英語では、thine eye be single になっています。日本語ではあなたの目が澄んでいればと訳していますが、この訳は間違っているのです。翻訳の仕方が分からないから、目が澄んでいたらと訳したのでしょう。

神を信じなさいという言葉がありますが、英訳では Have faith in God になっています（マルコによる福音書11・22）。これは正しく訳したら、神の信仰を持てとなるのです。神の信仰を持てとはどういう事か。これがキリスト教信者には全く分からないのです。

神の信仰を持たなければ聖書は分かるはずがないのです。目の働きがシングルであったら、ホールボディが明らかになると言っているのです。全身というのは whole body であって、人間のあらゆるあり方が明らかになるというのです。

ホールボディというのは、生まれる前のあり方、生まれた後のあり方、死んだ後のあり方を言うのです。生まれる前の人生、生まれた後の現世の人生、現世を去った後の人生を言うのです。これがホールボディです。

ボディというのはあり方のことです。状態です。実体とも言えるのです。人間が生まれる前の実体、死んだ後の実体が皆分かると言うのです。

目の働きというのは、皆様が肉体的に生きていることが目の働きになるのです。シングルであるならというのは、一本になるならとか、一筋になるならという意味です。一つになるならという意味です。

目は体の明かりですと訳していますが、人間が体で生きていることが目のような働きをするものであって、これがランプのようになると言っているのです。

目で見るのです。耳で聞いてみるのです。食べてみる。手で触ってみるのです。すべてみるのです。味わってみるのです。人間の五官の働きは全部見ているのです。これがすべて永遠の命になっているのです。

永遠の命が分からないと言う人は、目で見ていること、味わってみていること、聞いてみていること、手で触ってみていることがどういうことか分かっていないのです。

何を見ているのかと言いますと、一つのことを見ているのです。一つのことしか見ていないのです。食べてみている味のことも、目で見ている形のことも、鼻で嗅いでみることも、皆一つのことをしているのです。これをシングルと言っているのです。

五官の働きが一つになってしまえば、そこに命があるのです。しかも、その命は生まれる前の命です。生まれる前の命が、生まれた後の命になっているのです。

生まれる前の命が分かってくると、死なない命が分かるのです。生まれる前の命を今生きているのです。これが分かると、死んでからというのがなくなってしまうのです。今生きている命が永遠に続くのです。

もちろん肉体的には死んでしまいますけれど、あり方が変わるだけのことです。肉体的に生きている状態が、精神的に生きるとなるだけのことです。あり方は変わりますが、命は変わらないのです。

現世に肉体的に生きていても、心臓が止まって肉体的に生きていることをやめても、同じことです。こういう命を持つのです。これが死なない命です。

この命を皆様に差し上げたいのですが、皆様は今生きている命を信じています。今生きている命を信じている人は、死なない命を受け取れないのです。両手に花という訳にはいかないのです。

皆様が今持っている命、この世に生まれて固有名詞で生きている命を捨ててしまわなければ、本当の命を捉えることができないのです。

今生きている自分の命を本当の命だと思っている間は、皆様の心が永遠の命を信じることができないからです。

信じるということは不思議なものです。人格というものがあるのです。人格というのは信じることのためにだけあるのです。皆様が自分という人間を信じている間は、神を信じていないことになるのです。

二つの命を同時に信じることはできないのです。信じることが人格の唯一の機能性になるのです。信じることが分からない人は、人格を持っていても、人格の使い方が正解できていないのです。従って、人格の正解がなされていない人間は、死んでから地獄へ行くことになるのです。

人格を正解していないということは、誤解しているということです。自分の人格を自分で誤解しているのです。この世に生まれた固有名詞の自分がいると考えていることは、人格を誤解しているのですが、そのままこの世を去ることになりますと、困ったことになるのです。

死ぬということは眠ることです。ご永眠するのですが、やがて目が覚めるに決まっているのです。必ず目が覚めるのです。その時にびっくりするのです。この世と違う世界で目が覚めるのです。神の国が輝いている所で目が覚めるのです。第二創造の所で目が覚めるのです。

今皆様は第一創造の世界に生きているのです。第一創造の肉の世界に生きているのです。肉の世界というのは霊の創造の中の一つの試作品なのです。

人間も神も上等のものを造るためには、試作品を造るに決まっているのです。初めから本番ということはないのです。何回も練習して本番に備えるのです。

人間の仕事は試行錯誤でないとできないのです。神もたった一回ですが、試行錯誤をしたのです。これが第一創造です。神は試行錯誤を初めてしているのです。

「光を昼と名付け、闇を夜と名付けた」（創世記1・5）。昼と夜があることが、非常に明瞭な試行錯誤を意味しているのです。地震、台風、洪水、津波、噴火が頻発する世界、色々な病気が多発している世界は、試行錯誤の世界に決まっているのです。

神は光です。ところが、第一創造には、闇がこの世界に堂々と割り込んできているのです。神は光であるにも係わらず闇が堂々と入ってきているのです。この宇宙にはプラスのエネルギーだけではなくて、マイナスのエネルギーが割り込んできているのです。これが夜の実体です。

この宇宙には光のプラスのエネルギーだけでなくて、マイナスのエネルギー、悪魔、闇のエネルギーが、堂々と割り込んでいるのです。プラスとマイナスの二つのエネルギーが縄のようになって第一創造ができているのです。

光と闇とが混在している世界は、神の本当の創造とは言えないのです。神の試作品の創造です。これが第一創造です。

私たちは第一創造の世界に来たのです。第一創造は神の仮の創造であり、小手調べの創造であって、本物の創造ではないのです。神だけの創造ではないのです。これが分かった人だけが、光だけの創造、第二創造の世界に入るのです。

人間は現世を去ったら眠っているのです。第一創造が終わるまでの間、眠っているのです。この状態が黄泉《よみ》です。

人間として現世を去った人は、やがて全部復活します（ヨハネの黙示録20・12）。ところが、現世にいた時の世界とは違います。現世にいた時には光と闇とがあったのです。男と女がいたのです。嘘と誠があったのです。命と死があったのです。

一度死んだ者は黄泉で眠っていますが、必ず起こされます。目を覚まします。その時には世界が全く変わっているのです。世界が全く違った中で起こされるのです。神の国で起こされるのです。女がいない世界で目を覚まします。

女の人は、神の国ではいる場がないのです。ですから、現世にいる間に、神の国に入った男の人の中へ入らなかったら、ひどい目に会うのです。

新天新地には女はいらないのです。必要がないからです。現世は試作品の世界です。こういうことが、分かってくると、善とか悪とはどういうものか、損とか得はどういうものか、霊と誠とはどういうものか、肉体と霊体とはどういうものかが全部分かってくるのです。

今生きている固有名詞の皆様は、消えてしまわなければいけないのです。この世に生まれた人間、この世に生きていた人間、固有名詞を持っている人間は、新しい世界には入れません。

新しい世界の人間は数が決まっているのです。生まれもしないし死にもしないのです。火の池はあります。金殿玉楼の神の国と、その近くに地獄があるのです。光と闇が並んでいるのです。

その時の闇は何の力もないのです。地獄にいる人は泣いているばかりです。悔やんでばかりいるのです。

今の人間は悔やむということを本当に知らないのです。今の人間が悔やむというのは、こんな人と結婚してしまったと思うくらいです。株に投資して大損したとか、新しく商売を始めて大失敗したと悔むくらいのことです。

皆様はまだ本当の悔やむということを、経験したことがないのです。新しい天に行くと、悔やむとはどういう意味かがはっきり分かるのです。

悔やむというのは、無念とも残念とも、例えようがないものになるのです。

皆様は現在、目の働き、耳の働き、舌の働きとして、永遠の光を持っているのです。それを経験しているのです。

何十年もの間、絶えず見たり、聞いたり、手で触ったりしてきたのです。この意味が全然分からなかったために、眠って黄泉に行かなければならないのです。

皆様は今のままの状態なら、黄泉に行って地獄へ行くに決まっているのです。困ったことに、現代文明は死んでしまうに決まっている人間を人間だと教えているのです。

肉体的に生きている人間が人間に違いないと考えていることが、ユダヤ教の宗教観念です。ユダヤ人は肉体的に生きているのが、人間だと考え込んでいるのです。これがモーセの信仰です。モーセの信仰が間違っていたために、ユダヤ人が四千年の間苦しみ続けているのです。未だにこの間違いが分からないのです。

ユダヤ人が分からないので、全世界の人間が盲目になっているのです。

皆様は自分がいると思っていますが、その自分はユダヤ教の宗教観念で造った人間です。ユダヤ教の宗教観念が、そのまま皆様の人生観になっているのです。

ユダヤ教の宗教観念が皆様からなくならない以上、イエス・キリストを信じることができないのです。いくら信じたいと思っても、この世に生まれた自分があると考えている人は、イエス・キリストを信じることはできません。

神が万物を造ったと言いますが、神とは一体何であるか、万物を造ったとはどういうことなのかということの内容が、はっきり捉えられていなければだめです。

神の言葉が私たち自身の命にならなければいけないのです。理解することと、その言葉の命を見るということとは違うのです。本当に神の信仰を持っていなければいけないのです。

神の信仰の質が問題です。人間が生きている間にどれくらい頑張っても、神の全知全能のすべてを学ぶことは不可能です。こんなことを神が期待しているのではないのです。

神の思想は信仰です。信仰が神の思想です。神の思想の働きと同じようになることができればいいのです。

神の思想と同じような思想を持つことができるのです。これを皆様の前頭葉が知っているのです。ここには恐ろしいものがあるのです。神の人格と同じことを考えることができるものが、前頭葉にあるのです。これはすごいものです。

今私たちが生きていることが、そのまま永遠の命になっているのです。

神が生きているという印を前頭葉に印するのです。そうすると、人々に命を与えることができるのです。

やがてキリストが再臨します。そうすると、政治も経済も、教育も文化、文明も全部キリストに占領されるのです。

今それを占領しているのは悪魔ですが、キリストが空中へ再臨します。そうすると、現在の政治権力、経済的権力、法律の権限が全部キリストによって押さえられるのです。人権も土地の所有権も、すべてキリストのものになるのです。

キリストが再臨しますと、地球上の人間の権利がすべて没収されるのです。

今の人間は死ぬために生きているのですから、この人間を脱ぎ捨てるのです。

人間は理性によって車の運転をしています。理性というのは神の言葉が人間の中に宿って、人間の精神状態の基礎を造っているのです。

人間の精神状態は神の言葉によって造られているのです。皆一つに理性によって運転をしているのです。東京の都心では何十万台という車が縦横無尽に走っているのです。ところが、事故は非常に少ないのです。

なぜ事故が少ないのかと言いますと、一つの理性が全体の車を動かしているからです。こちらの車線の車も、対向車線の車も、同じ理性で走っているのです。一つの理性で動いているために、世界全体の交通機関が、非常に少ない事故になっているのです。

これは人間が運転しているのではなくて、神の御霊が運転しているのです。神の御霊が全世界の車を運転しているのです。

御霊は一つです。命は一つです。ところが、人間は個人個人が生きていると考えているのです。これが間違っているのです。命は一つ、信仰は一つです。一つの命に帰依するのでなかったら、絶対に救われないのです。

自分が生きているという考えは、ユダヤ教の考えです。ユダヤ人の宗教観念の考えです。自我意識が間違っている。自我意識が自分を殺すのです。

近代文明は自我意識を拡大強化しようと考えているのです。死ぬに決まっている自我意識の命を自分の命だと思わせているのです。死ぬに決まっている命を、皆様に押し付けているのです。基本的人権、民主主義という考え方はそれです。

民主主義というのは非常に悪い考え方です。死んでいく人間に権利を与えているのです。それによって人間の霊魂はだんだん痩せていくのです。

文明が盛んになればなるほど皆様の自我意識が強くなるのです。ユダヤ文明は自我意識を強くすることばかりを考えているのです。これは恐ろしい文明です。

皆様はお人好しですからすっかり頭をなでられて、死ぬべき人間が人間だと思い込まされているのです。百年前の日本人は、これほどお人好しではなかったのです。

人々は今生きている人間は死んでいく人間だということを知らないのです。今の日本人はこれさえも知らないのです。死んでいく人間を人間だと思い込んでいるのです。新聞もテレビも、インターネットもそればかり教えるものですから、皆様の頭は固有名詞の人間が本当の人間であるという考えで固まっているのです。これを叩き割らなければいけないのです。

全世界の文明の流れが間違っている。私は一人で全世界の文明と喧嘩しているのです。皆様の中にもそうしようと考えている人がいるかもしれませんが、本気になってそう考えているとは思えないのです。

私は一人で本気になって、文明を覆そうと考えているのです。

今の文明は人間の自我意識を徹底的に強めることばかりを考えているのです。自我を強化高揚させることばかりに夢中になっているのです。

学問という思想によって、人間の情操はほとんど死んでしまっているのです。現代教育は人間の情操を殺してしまう教育です。情緒はまだ死んでしまう所まで行っていませんが、情操はほとんど殺されているのです。俳句を詠んだり詩を書いたりするのは、いくらかでも情操を保つことになりますから、せいぜい俳句を詠んだり詩を作ったらいいと思います。

人間文明は人間の霊魂を殺すことばかりを考えているのです。

神の国は肉体人間としての自分を指すではなくて、肉体的に生きている状態が神の国です。

肉体人間は人間です。人間が生きている状態が神の国です。

肉体人間は固有名詞の人間です。人間が生きている状態が神の国です。これに気付いた人は霊のイスラエルです。

瞬間、瞬間に心臓が動いているという状態が、自分の霊魂の本質であって、これが霊の自分です。これに気付いた人は、自分の命に気付くことができた人です。これが霊なる人です。

霊の思いは命であり平安であるというのは、これを言っているのです。瞬間、瞬間、生きていることに目をとめることができた人は、肉体的な命を乗り越えているのです。これが信仰です。

思想的に何かを考えたら口で言ったのと同じことになるのです。皆様が今生きているのは、肉体で生きているのではない。生きていることが肉体に現われているのです。肉体が生きているのではないのです。

生きているという事がらが肉体に現われているだけのことですから、肉を脱ぎ捨てることはできるのです。

生きているということが神の国です。神の国に生きているということは、生きている状態を霊的に見ることを言うのです。イエスが神の国と神の義を求めよと言っていますが、生活を霊的に見なさいということです。

生活を霊的に見ることができたら、神の国に生きることができるのです。

人間の命は肉体的であっても肉体を離れても同じことです。命は必ずしも肉体的でなければならないものではないのです。肉体を離れた方がもっと自由です。現世に束縛されなくてもいいからです。

文明の基礎を造ったのはユダヤ人です。資本主義の構造、政治、経済の構造、学問の基本、人間が現世に生きていくための原理を造ったのがユダヤ人です。

ユダヤ人が現在の人間の生活を造ったのです。人間の生活を造って否定しているのです。造ってはやめているのです。人類を翻弄しているのです。

マルクスが造った共産主義を、資本主義によって否定したのがユダヤ人です。これをまた、否定しようと考えているのがユダヤ人です。

ユダヤ人は文明を造って人類をリードしていますが、ユダヤ人は男が女に対する見方を間違っているのです。セックスが間違っているのではない。パウロはセックスに対する観念が間違っている。セックスに対する見方が詐欺だと言っているのです。これがなかなか分からないのです。

イエスは「水と霊とによって新に生まれて神の国に入れ」と言っています。神の国に入るとはどういうことか。長い間聖書の勉強をしている人でも、神の国に入っている人はめったにいないのです。神の国に入っていると自覚できる人はめったにいないのです。神の国を知らないから入れないのです。神の国がどこにあるか知らないのです。

花が咲いているのは神の国です。雪が降っているのが神の国です。ここへ入るのです。

イエスは非常に簡単なことを言っているのです。イエスは大工の倅ですから、哲学的な難しいことは言わないのです。神はイエスの前にいたのです。イエスの前にいる神を見ていたのです。イエスは神と共にいたのです。神はイエスの肩を叩いてこうしなさいと言っていたのです。

神と人との交わりはそういうものです。理屈で割り切らなければならないほど難しいものではないのです。

皆様は神の国に時々入っているのです。入っていながらそれが神の国だと思えない。神を崇めていないからです。生活で神を崇めることを実行していないのです。

皆様は朝、昼、晩と一日に三回食事をします。食事をしたら必ず味が分かります。味は誰でも知っているものです。これが神です。

久しぶりに会ったから一杯飲もうかと言います。味わうために飲むのです。これが神です。味の世界、形の世界、色の世界、香りの世界が神の国です。

なぜおいしいものが食べたいのか。そこに神の国があるから食べたいのです。

男はなぜ女を愛したいのか。男が現世の感覚で女を見ると、詐欺になってしまうのです。現世の性欲という感覚で女を見ると、詐欺になってしまうのです。ここが難しいのです。

現世で見た女の価値は本当の価値ではないのです。本当の値打ちとは違うのです。

女が造られたのは前世です。現世の女は皆姦淫の対象の女です。姦淫の対象でなければ女にならないのです。現世の感覚で見たら皆女は姦淫の対象になるのです。だから、パウロは性欲は詐欺だと言っているのです。

男は詐欺にかかっているのです。現世で見た女の値打ちは、肉欲という詐欺にかかっているのです。肉欲というのはありもしない詐欺です。これは地獄の詐欺です。地獄の値打ちが極楽に見えるのです。これが詐欺です。これをパウロは言っているのです。

滅びの値打ちが快楽に見えるのです。極上の楽しみに見えるのです。これを詐欺と言うのです。

女というのは現世で造られたのではないのです。現世の女は現世で造られたと思っていますから、すべて詐欺にかかっている女です。女は前世で造られたのです。前世が分からない人には、本当の女の値打ちを知ることができないのです。本当のセックスを知ることができないのです。

これが親鸞上人には分からなかったのです。そこで悩んだのです。親鸞上人は詐欺にかからないと思って頑張ったのですが、ところが、詐欺にかかったのです。そうして、詐欺が好きでかなわない人間になったのです。

そこで親鸞は、「いかなる行も及び難き、地獄一定の我」と言っているのです。滝に打たれようが、水をかぶろうが、何をしても自分は地獄へ行かなければならないと考えたのです。詐欺にかかっていたからです。こういうトリックがあるのです。

死んでいく人間と死んでいかない人間とでは、女を見る目が違うのです。詐欺にかかった男に見られた女は、皆詐欺にかかっているのです。そういう男に抱かれている女は皆地獄へ行くのです（マタイによる福音書5・28）。

女が造られたのは前世です。前世の目で女を見なければ、女の真髄を見ることはできないのです。

愛するという形は同じであっても、見る見方が全然違うのです。詐欺である見方と詐欺でない見方では、見る目が全然違うのです。前世という目で愛するのと、現世という目で愛するのとでは、全く違ってしまうのです。


パウロは言っています。

「彼らが隠れて行っていることは、口にするだけでも恥ずかしいことである。しかし、光にさらされる時、すべてのものは明らかになる。明らかにされたものは皆、光となるのである。

『眠っている者よ、起きなさい。

死人のなかから、立ち上がりなさい。

そうすれば、キリストがあなたを照らすであろう』」（エペソ人への手紙5・12〜14）。


罪の中から立ち上がって、詐欺にかかっていない性に目覚めるのです。性の本質は霊魂の問題です。肉の問題ではないのです。前世の問題であって、現世の問題ではないのです。

魂が肉体を持ってはいますけれど、本来性は魂の問題であって、肉の問題ではないのです。

創世記の第二章に基づいてセックスを見ることが、詐欺ではない見方です。

11. 本当の平和

皆様は人間としての基本的な知識に欠けています。この世のことばかりを考えているからです。死なない命を見つけようと思ったら、人間存在の基本条件である霊の認識がいるのです。これがなかなかできないのです。

アメリカ人は聖書に手を置いて宣誓するくらいのことは知っています。日本人は聖書に手を置いて宣誓することを知りません。宣誓したり誓ったりすることがないのです。誓うという習慣がないからです。宣誓するというのは、絶対者を敬うのでなかったらできないのです。日本人は絶対者を敬うという意識がありません。欧米人はキリスト教でありますけれど、絶対者を敬うという気持ちを持っているのです。日本には絶対者がいませんから宣誓をしません。フィリピンやベトナムでも宣誓するという気持ちを持っているのです。

日本人は人格の基礎となるものがどこにもありません。これが八百万の神を信じる人々の一番悪い所です。宗教にも絶対者がいません。仏の概念が各宗派によって違うのです。仏の格式が顕教と密教とでは全然違います。

日本人の無教養性は、天地創造を全く知らないことに現われています。古事記や日本書紀には全く幼稚なことを書いています。セックスを国ができる状態として書いているのです。セックスのことをそのまま書いているのが、古事記の創造物語です。

日本人はそういうものを読んで育ったのです。命に感ずる教養、人格に対する教養という点では、日本人は問題にならないのです。

皆様の自我意識と現象意識の中に悪魔が入り込んでいる。これをどうしても追い出さなければいけない。これをどうやって追い出すかです。日本人は地球存在の意味が分らないのです。人間は地球の上で生活しているのに、地球が何のためにできたかを夢にも考えたことがないのです。これが日本人の教養のなさの根本原因です。

日本には仏教がありますが、レベルが低いのです。唯識三年、倶舎八年と言いますが、その勉強自体レベルが低いのです。日本人は生活に一生懸命ですが、生活していて何になるのでしょうか。やがて死ぬだけです。何も目的はありません。ただ死ぬだけならいいのですが、死んでからが恐いのです。

地球がある間は白黒をはっきりすることはできません。ところが、地球はいつまでも続くのではありません。やがて消えてしまうのです。それからが恐いのです。

地球がある間は、神は遠慮しています。地球がある間は、神が天使を認めている形をとっていますから、時間、空間があるのです。ところが地球がなくなると、時間、空間が消えてしまうのです。そうしたら、神は遠慮しなくなるのです。神が遠慮せずにやりたいことをやり出したら、人間は震え上がるでしょう。

散らさない所から集めるのが神です。神に縁のない人間から考えると、神は蒔かない所から集める酷な人に思えるのです。それくらいにえげつなく思えるのです。皆様の魂は神の前に出ることに戦々恐々としているのです。

私の目的は世界平和を実現することです。どうしたら世界に本当の平和が実現できるのか。ユダヤ人が中心になって世界をひっかき回しているのです。このユダヤ人が悔い改めると、世界に絶対平和が実現するのです。

地震がない地球、台風、洪水、旱魃のない地球、疫病、エイズ、ガンがない地球、戦争、犯罪がない地球になるのです。千年の間、地球上に完全平和が実現するのです。政治、経済の内容が、現在とは全然違う世界が現われるのです。そういう世界を実現することが私の目的です。こういう考えを持たなければ、神の前に立つことができないのです。神の前に立てない者は、全部地獄へ放り込まれるのです。

皆様の人格はイエス・キリストと同じものですから、神の前で生きられるように訓練することです。生きている間に神の前に出られる魂になることが、この世に生まれてきた唯一の要件です。神の前に出て生活できるようになりますと、人間の利害得失はなくなってしまいます。あってもしょうがないのです。

現世の人間の希望は偶像です。目的は野心です。心構えは欲望です。今の日本人には偶像と野心と欲望しかないのです。

今の日本の仏教に空という言葉はありますが、それが正しく説かれたことがないのです。一遍上人、空也上人は正直な人でした。乞食をしながら日本中を歩いたのですが、それほど正直で欲のない男でさえも、仏教にしがみついていました。

これだけでもう落第です。どれだけ行いが正しくても、欲望に関係のない生活を送っていてもだめです。ナムアミダブツにしがみついて離れない。ナンミョウホクレンゲキョーについて離れない人は落第です。宗教観念にしがみついていたからです。

宗教観念は神の前には一切通用しません。神は宗教には関係がないからです。キリスト教ももちろんだめです。

神とは何か。皆様が人格を持っていることが神です。皆様は人格を持っていますが、自分が生きていると思っています。自分が生きていると思っている人は、宗教を信じているよりもっと悪いのです。

自分の気持ちをできるだけ露骨に吐き出して、心から神に質問するのです。そうすると、初めて神に対する礼儀が全うされるのです。誠心誠意を口に出すのです。

私がお話ししていることは、ユダヤ人を覆して世界平和を実現することです。イエス・キリストの復活が、歴史的事実になって地球に現われることです。日本人を救うことではないのです。

本当の平和はあるのです。皆様は地震のない地球、泥棒根性がない人間、病気、犯罪がない世界がくればいいと心から願っているでしょう。人類は六千年の間、そういう世界がくればいいと願って、願ってやまなかったのです。

そういう世界がやがて実現します。必ず実現します。その時に食糧難はなくなります。石油石炭に代わる新しいエネルギーが実現するでしょう。人間の精神状態が全然変わってしまうのです。政治経済事情が根本から変わってしまうのです。

地震がなくなるだけでも大したことです。本当の地球は今のような不完全な地球ではありません。未だかつて実現したことのない、千年間の絶対平和が実現するのです。

その前に、キリストの再臨という驚くべき事実が実現するでしょう。新約聖書から見ますと、弘法大師、日蓮、親鸞、道元の言っていることは、全く子供じみたことになっているのです。

皆様の意識の中に悪魔が隠れています。どこに隠れているのでしょうか。これを見つけて、追い出すことが、人生の唯一の目的です。人間は自分が生きていると思っています。自分が生きているという考えは、人間として当たり前ですが、生きていることはどういうことかを冷静に考えますと、人格が肉体になっているのです。

人格は仕事をするという面と、考えるという面と両方あります。静的な面は理性や良心があること、五官が働いているということです。動的な面は働いていることです。これが肉体を持っているという条件で働いている。これを魂と言うのです。

人間がいるのではなくて魂があるのです。動いている状態が霊、機能性が魂です。人格は神の言葉です。神の言葉が肉となっているのが、人の魂です。三位一体の神のペルソナが神の持ち前ですが、これが人になっているのです。もし神に人格がなければ、人には人格はないのです。

神は人格を自分で造ったのです。人間は人格を自分で造ったのではありません。神は全知全能ですから人格を造ることができますし、また条件を造ることもできます。

人間は造られたものです。被造物です。被造物はすべて女性的なもの、受動的なものです。

人間の目は鏡のようなものでありまして、前に何かが現われると映るのです。目の前に何か持ってこなければ映らないのです。人間の意識も同じであって、与えられた条件を受け止めて、良いとか悪いとかを判断しているのです。心に何か映っているのであって、自分自身の考えで何かを出すことはできないのです。

これは女性と同じ状態です。女性がいくら頑張っても男性がいなければ子供は産めません。マリアでも神がいなければイエスは生まれなかったのです。

人間は神と同じ人格を持っていますが、完全な受動性です。神は完全な能動性で受動ではないのです。神は男性的です。人間は女性的です。人間はいくら力んでも男性にはなれないのです。自分で生きることができないからです。太陽を造ったり、地球を造ったり、森羅万象を造ることができないのです。

自分の精神構造さえもどうすることもできない。まずこのことをよく考える必要があるのです。

人間は誰もが自分で考える力があると思っていますが、これは大きな錯覚です。自分の目の前に何かが現われてくると、それに反応して考えることができるのですが、何も目の前に現われなければ考えることはできません。

正常に考えることができるのは脳が正常に働いているからです。ヨハネの黙示録によれば、大いなる白い御座の回りを盛んに飛んでいる四つの生き物が働いて、直感、推理、判断、記憶と言った人間の思考作用が成立しているのです（4・5～7）。

もし四つの生き物が働きを止めたら、人間は瞬間に思考停止に陥るのです。四つの生き物を無視して、自分に考える力があるというのは、全くの考え違いです。皆様がこの世に生まれた時に、大変なことが起きてしまった。現象世界という大きな映像が心に映ったのです。これが肉の思いです。

人間は好むと好まざるとに係わらず現世に生み出されたのです。自分で生まれたいと思ったのではありません。皆様は生まれたいと思わないのに、この世に突き出されたのです。これは何のためかというと、太陽系宇宙の不思議さを勉強して、本当の神の子になるためです。

かつて、現象世界ができる前に悪魔であった天使長が、とんでもないことを考え出した。悪魔は人間と同じように人格を与えられていたのです。悪魔の場合でも、人間の場合でも、神の人格が与えられています。

天使の長である悪魔が人格を与えられた。人格は神が与えるものです。その人格を正しく取り扱おうと思えば、神と一緒にいなければなりません。いつも神と一緒にいると考え続けると、人格が正しい状態で働くのです。これが信仰です。

人格は神のペルソナの生き写しです。これが人間の人格になっているのです。神と同じ能力性、自覚性を持っていると意識していますと、自分が生ける神の子であるという自覚は、勝手にできるのです。与えられている人格を自分が自覚するのです。信じるということは自覚することです。

信じるというのは、神と自分との関係を自覚するのです。信じなければならないと思わなくてもいいのです。例えば、皆様が私との係わりを自覚するとします。そうすると、私を信じているのです。

皆様の人格は神からきているのです。だから、神から離れている自分の人格を意識することはできないはずです。ところが、人間はそれをしているのです。自分が生きていると思うことは間違っているのです。思えるはずがないのです。理性と良心、五官の状態を素朴に考えますと、自分が生きているという気持ちは持てるはずがないのです。

人格は神からきているのですから、神から離れて人格という意識は成立しないのです。それを、天使長は神から離れて、神から独立して自分が生きていると思い出した。そこで、天使長が悪魔に転落したのです。

天使長とは何か。かつて神はすべての天使を治めさせるために、ルシファーと呼ばれる天使を大天使長に任命したのです。彼はあらゆる天使を治めるために、神のすばらしい知恵、力、能力、才能を神から貸し与えられた。これが天使長です。

この天使長が自分が生きていると思い出した。そこで、天使長が悪魔になったのです。

自分という意識がこの時宇宙に発生した。それまでは、宇宙には「自分が生きている」という思想は神以外に全くなかったのです。

生きている人格はすべて神と共にあったのですが、悪魔が初めて神から離れて、自分が生きていると考え出したのです。神以外に、「自分がいる」という意識が、初めて宇宙に発生したのです。これが悪魔性です。

皆様は全員、「自分が生きている」と思っているでしょう。皆様は皆悪魔性に取りつかれているのです。自分が生きていると思っている人は、全部火の池に叩き込まれることになるのです。自分が生きていると考えてはならないのです。自分が生きていると考えることは、禁断です。禁句です。言ってはならないし、思ってはならないことです。

ところが、天使の長である者が、自ら、自分が生きていると考え出した。これが罪の原質です。自分が生きていると思うことが原罪です。人間はこの世に生まれた時にそう思わねばならないように仕向けられたのです。自分から進んで自分が生きていると思ったのではない。

神が人の魂に肉体を与えた時に、自分が生きていると思わねばならないように仕向けられたのです。パウロはこれを「罪の下に売られた」と言っているのです（ローマ人への手紙7・14）。吉原へ遊女として売られたようなものです。

肉体的に生まれたことが、なぜ罪の下に売られたことになるのか。これは聖書の根本に係わることです。

肉体的に生まれるとは、時間、空間の下に置かれたことです。これを肉と言います。天使長は時間、空間を司る長です。神が人間に天使長と同じ人格を与えて、天使長の下に置いたのです。天使長は自分が生きていると初めて考えたのですが、天使長は時間、空間を制約して実行する者です。人間がこの世に生まれたということは、時間、空間の下に置かれたことです。「私は肉なるものである」とパウロは言っていますが、肉体を持ったということが時間、空間の下に置かれたことになるのです。

なぜ神がそういう処置をしたのか。人格を持った者を時間、空間の下に置いたことは、悪魔の下に置いたことになるのです。悪魔の下に置かれた者は、自分が生きていると思わねばならないことになる。悪魔がそう思っているから、人間もそう思わねばならないのです。

人間はこの世に生まれた時に、必然的に悪魔の下に置かれたのです。これは罪の下に置かれたことであって、自分が生まれたという意識は、この世に生まれてから持たされたのです。

皆様に与えられている肉体の機能は、すべて先天的なものです。ところが、精神の状態はいつも後天的です。肉体の機能は霊ですが、精神が肉です。ですから皆様の生活は安定していないのです。人間はこの世に生まれた時に、苦しまなければならないように仕向けられたのです。

矛盾を与えられたのです。矛盾をなくすことはできません。矛盾をどのように呑んでいくかです。

矛盾に勝つことが人性の目的です。ところが、文明は矛盾をなくすことを第一の目的にしてです。

います。これがユダヤ人の非常に悪い所です。例えば、移動するのにできるだけ早く行こうとします。歩いていたのが馬に変わり、電車、車、飛行機に変わった。自分で書く代わりにパソコンで書類を作る。様々な家庭電気製品、ロボットは人間の労力をできるだけ減らそうとする試みです。

文明は矛盾をなくすことばかりを考えてきました。封建時代には人間生活に矛盾がたくさんありました。政治、経済は矛盾だらけでした。日本の大名は領地から年貢の取り立てはするが、今日でいう福祉は全く考えなかったのです。民衆の生活は苦しかったのです。そうすると、矛盾に勝たなければという気持ちが生まれるのです。辛抱が強くなり、堪忍ができるようになる。柔和謙遜になれるのです。

文明が発達すると柔和謙遜、堪忍はいりません。勝手にご飯が炊けて、洗濯ができる。食べたい物を食べ、好きな服を着て、行きたい所へ行けるのです。辛抱、忍耐、我慢はいらないのです。矛盾が少なくなるに従って、人間の精神状態は悪くなっていった。矛盾が多いほど精神状態は高かったのです。人間の生活には矛盾があるのが当たり前です。神がそのように仕向けているのです。自分が生きているのではないのに、自分が生きているという気持ちを持たされてしまっているのです。

肉は本質的には存在していません。人間が生活している段階で肉があるように仕向けられているのです。そういう生活に置かれますと、矛盾撞着が次から次へと出てくるのです。

ところが、矛盾撞着の中へ放り込まれたことによって、自分が生まれたのではないということに気が付く人がいるかもしれない。

自分が生きているのではないということに気が付きますと、矛盾や病気を辛いと思わなくなるのです。自分が生きていると思うから矛盾と病気が辛いのです。自分がいなければ、矛盾や病気、悩みや苦しみを辛いと思う本人がいないのです。こういうことに気が付く人がいるかもしれないと、神が期待しているのです。

自分が生きていないということに気が付いて、自分が生きているという気持ちを捨ててしまう人が出るかもしれない。矛盾があればあるほどそう考えなければならないのです。そう考えるチャンスが多く与えられるのです。

自分が生きていない、自分がいないということがはっきり分かると、その考えの発明者の悪魔の考えが、根本から間違っていることが分かってくるのです。これが大きいのです。悪魔の考えが根本から間違っていることが分かる人が多くなれば、悪魔を自滅させることになっていくからです。自分が生きているという考えは、偽り、嘘です。自分が生きているという考えは悪魔が発明したのです。悪魔の考えは根本から嘘、偽りだということを人間が見破れば、悪魔が自滅せざるをえなくなるのです。

最近のように生活が楽になりますと、自分が生きていることについての矛盾を感じなくなるのです。却って自分が生きている方が、おいしいものが食べられ、好きなことができると考えているからです。

文明は矛盾を克服することによって、ますます自我意識をあぶりたてているのです。文明の目的は、自我の発見、自我の確立、自我の拡張、自我の完成を考えているのです。

自我の発見が人間文明の始まりです。啓蒙時代に自我が確立されました。近世文明によって自我が最大限に拡張され、現代文明によって自我が完成したのです。現在は自我が王様になって地球を横行闊歩しているのです。基本的人権、民主主義、自由、平等、博愛を信じて疑わないのです。自分のしたいことをするのが当たり前になっている。だから、家庭内暴力、校内暴力、いじめ、殺人が頻繁に発生しているのです。

文明は根本的に間違っているのに、この間違いに気が付いている教育者が一人もいないのです。学校の先生は自我の拡張の助太刀ばかりをして、逆に生徒に暴れられて困っているのです。親も同様です。息子、娘をおだて上げて育てた結果、暴れて困っているのです。このような文明は、根底からひっくり返してしまわなければいけないのです。

自分が生きているという考えは、嘘です。これが分かると、生活の苦労から抜け出すことができるのです。自分がいるということが矛盾の原因ですから、それがなくなれば苦労がなくなるのです。

人間は自分という格好をしていますけれど、神の人格が自分という格好で現われているだけです。ですから、生きようが死のうが自分の問題ではありません。神の問題です。自分の損得はないのです。神と共に生きることを考えればいいのです。

人間の命とは何か。これについてパウロは次のように述べています。

「あなたがたはすでに死んだものであって、あなたがたの命はキリストと共に神の内に隠されているのである」（コロサイ人への手紙３・３）。

人間は現世に生まれたのを、自分が生まれた、自分が生きていると思っています。これは死んでいる証拠です。命がどこにあるのかを知らないからです。命はキリストと共に、神の内に隠されているのです。

人格を持ったものが肉体的に生きていること、それを正しく認識することをキリストと言うのです。認識の方法がキリストです。キリストというのはこの他にも解釈できますが、その一つの解釈を言うのです。人格を持った者が、肉体的に生きていることを正しく解釈することがキリストです。

命がキリストと共に神の内に隠されているとはどういうことか。あなたがたの栄光であるキリストが現われる時に、あなたがたの本当の命が分かると言うのです。

先に、千年間の絶対平和を実現することが私の目的だと言いました。そうすることによって、全世界の人間の本当の命が分かるのです。これは日本人が一万人、二万人救われる問題ではありません。全世界七十六億人の問題です。私は全世界七十六億人の救いを目的にしているのです。キリストの栄光とは復活のことです。復活が世界の歴史の上に現われる時に、人間の命のあり方が初めて分かるのです。

本当の真理はあるのです。世界中の人々にそれが分からないのはユダヤ人が悪いためです。ユダヤ人が一人でも二人でも、私の言うことを真剣に耳を傾けるようになればいいのです。

現在の世界を引っかき回しているのはモーセの思想です。モーセの十戒の誤った解釈が、世界中を引っかき回しているのです。この間違いを直していこうというのが私の目的です。これを聞いて理解した人は大変得をするでしょう。

キリストの再臨はそれほど遠くない時に必ず実現します。日本人にはとても信じられないことでしょう。聖書は特別の書で、全世界の運命に係わる書物だとは思えないからです。

日本人のレベルが低すぎるのです。聖書は本当の教養です。教養があるかないかは、聖書をどれだけ理解するかに係わっているのです。聖書を理解すると、人間のあらゆることが分かってくるのです。社会的な問題も、生活的な問題、生命的な問題も皆分かってくるのです。

本当の教養は聖書の勉強です。聖書以外に本当の教養はありません。専門学をいくら勉強してもだめです。専門学は教養ではなくて生活の知恵です。

皆様は現世に生まれて、自分が生きているという意識を叩き込まれました。これが自我意識です。また、目に見える現象が実体であるという意識も植え付けられました。これが現象意識です。自我意識と現象意識を肉の思いと言います。

皆様は肉の思いがあるから年中苦しまなければならないのです。皆様が苦しむ原因は、自分が生きていると思っているからです。そこで、この意識をなくす方法を考えるのが私の目的で、本来はユダヤ人に話したいのです。ついでに、日本人の皆様にも話そうと思っているのです。これを聞いた人は大変得をするでしょう。

皆様は肉の思いがあるから年中苦しまなければならないのです。皆様が苦しむ原因は自分が生きていると思っているからです。そこで、この意識をなくす方法を考えなければならないのです。自分が生きているという気持ちがある間は、どうしても苦しまなければならない。これを乗り越えるにはどうしたらいいのかです。

自分が生きているという気持ちが嘘であることが理解できた人、そして自分が生きているという気持ちを乗り越えられた人が、神の国で宇宙を治める主として、もう一度生まれるのです。

この世に生まれた命は本当の命ではありません。自分が生きているという気持ちから、抜け出すことができるかどうかを、神が試験するために、仮に与えたのです。魂は仮にこの世に出てきたのです。

自分が生きていると思うのは、嘘だと気付いた人だけが死に勝つことができるのです。この世に勝つことができるのです。罪に勝つことができるのです。罪の原質、原罪に勝つことができるのです。

自分が生きていると思うことが罪の原質ですから、これに勝つことができたら、もう死なないのです。

皆様の精神構造の中に悪魔が住んでいるのです。精神構造のどこに悪魔が隠れているかです。自分がいるという意識が悪魔です。これがはっきり間違っていることを、事あるごとに確認するのです。そうすると、悪魔を追い出すことができるのです。

12. 現世を出て神の国へ入る

死とは何か。これについては色々な人が色々な意見を述べていますが、天地の道理に適っているかどうかが問題です。

キリスト教が良いか悪いかではない。般若心経と聖書を両方並べることが良いか悪いかではない。宇宙の真理に立っているかどうかが問題です。

死をどのように考えるかです。普通は死を生理的な問題と考えるのです。また、物理的な欠陥が人間の肉体に生じることによって、死ぬと思うのです。これが普通の人間の考え方です。胃が悪くなって死ぬというのは、その人の生理現象です。生理現象がそのまま死を意味するのかということです。現在の医学では心臓が止まることが死ではなくて、脳波が止まることが死になっているのです。

命ということは生理現象ではないのです。生理は命に関係があることは間違いありませんけれど、生理現象がそのまま生命現象になるのではないのです。

生理というのと生命というのとでは、文字も違うし意味も違うのです。従って、生理即生命という言い方は、短絡的な考えでありすぎると思われるのです。

胃や腸が悪いということは、生命現象に非常に大きい障害があると言えるでしょう。しかし、胃が悪いからと言って、命が悪いということではないのです。胃は胃ですし、命は命です。

宇宙には天然自然の命というものがあります。花が咲くとか、四季折々の果物ができるとか、太陽が輝き雨が降るのです。これは天然の生命現象を私たちに示しているのです。これは宇宙の生命が地球に現われているのです。

命はそういう大きなものなのです。そういう大きい地球存在の生命を、私たちの命として経験しているのです。

命は命ですし、生理は生理です。命と生理は全く別のことになるのです。生理は即ち命だという考えは、医学的原理に捉われすぎた考えになるのです。

一体命とは何なのかということです。地球が自転公転していることが命です。この命の根源は何なのかということです。

地球が生きていることが命です。人間は地球から湧いて出た生物です。地球から湧いて出た生命だから生きているのです。人間に命があるのではありません。ですから、地球の命を勉強しなければいけないのです。地球の命が分からなければ、人間の命が分かるはずがないのです。

人間固有の命はどこにもありません。花が咲いているのは、地球の命が花として現われているのです。蟻一匹でも蟻固有の命ではありません。地球の命が蟻になって現われているのです。

太陽光線の輝きは、命がストレートに現われているのです。雨が降るという現象も、生命現象の現われになっているのです。

太陽が輝くとか雨が降るということを、もっと集約して考えますと、宇宙に命がありますし、その命にはリズムがあるのです。そのリズムに従って地球が回っているのです。地球は継続的に回っているのではない。極端な言い方をしますと、停止、進み、停止、進みを繰り返しているのです。アナログの時計の秒針が動くように、瞬間、瞬間動いているのです。量子力学というのはそういう原理でありまして、ピッチャーがボールを投げると継続的に飛ぶのではなくて、進む、止まる、進む、止まるを繰り返して飛んでいくのです。

これが命の息づかいのあり方です。皆様は鼻から息を出し入れしています。心臓が動いていることも、皆同様の動きをしているのです。

動いた時には生きているのです。止まった時には死んでいるのです。生きた、死んだ、生きた、死んだを繰り返しているのです。電灯も蛍光灯も、五十サイクルの電気では、一秒間に五十回点滅を繰り返しているのです。ところが、人間の目には継続的に見えるのです。

点滅とは息をしている姿です。生息とは点滅を意味しているのです。

地球は生きています。地球全体が生き物です。皆様は地球の命のある部分を分担しているのです。

命を意識することができるのは人間だけです。

死とは何かと言いますと、命の原理に反することです。命の原理は生です。命を発現するためには死があるのです。死が働かなければ命の本質が発揚されないのです。

闇がなければ光は現われないのです。これが三次元世界の本質です。生がなければ死はない。

死がなければ生もないのです。

命を知るということは死を知ることです。生と死の両面がなければ命とは言えないのです。死が働かなければ生が働かないのです。現在の時間と空間の三次元世界においては、生と死は裏表の関係になって命を形成しているのです。

従って、死を知ることが命を知ることの根源になるのです。死を知らないで命を知るということは絶対にできません。夜がなければ昼がないのですから、夜と昼の両方を知る必要があるのです。

将来地球はなくなってしまうでしょう。物理現象はやがて消えるに決まっているのです。物理現象が消滅してしまいますと、初めて本当の命、死のない命が発現するのです。聖書はこの時を新天新地と言っています。

日本人は世界観が非常に小さいのです。物の考え方が狭いのです。私が言ったような大きい考え方で命を勉強している人は、めったにいないのです。だから、命の本質は何かと聞かれても、説明できる人がいないのです。

私が説明できるというのは、私自身が説明しているのではなくて御霊《みたま》によってお話ししているのです。

この宇宙には妙なものがあるのです。宇宙の指導霊があるのです。人間の霊魂にインスピレーションを与えて、心の目を開くすばらしい働きをしているものがあるのです。この方の指導によって私は説明しているのです。

日本の霊というのは荒神さんとか竜神さんとか言いまして、安物の霊です。シャーマニズムの霊です。上等の霊は地球を動かしているのです。これが神の霊です。

神というのは命を司る原理です。明治初期の国定読本に、「神は天地の主宰にして、人は万物の霊長なり」というすばらしい言葉がありました。

神は天地の主宰にして、人は万物の霊長なりというすばらしい言い方は、今の学者にはできません。明治初期だから言えたのです。この自覚があったら、日本人は今日のような堕落はなかったでしょう。もっとましな日本人になっていたでしょう。

天地の主宰とはどういうことかと言いますと、命の主宰という意味です。天地の主宰とは命を主宰するものです。これが神です。

皆様の心臓が動いていること、目が見えることが神の投影です。神の力が皆様に働いているのです。

命の原理が分かれば指導霊の原理が分かるのです。そうしたら、指導霊に従って説明できるのです。皆様も命の勉強をすれば、指導霊のことが分かると思うのです。

命を司るものがあるのです。命は有機性の原理でありまして、地球が自転公転している原理です。そうすると、命の本質は何かと言いますと、理論物理的に言えば波長です。長い波長と短い波長、点というものと流れとがあるのです。素粒子でもあり素流でもあるのです。運動がポイントであり、ポイントが運動になるのです。こういう意味での波長が、地球を生かしているのです。

波長は宇宙的なものであって、銀河系からアンドロメダ星雲に到るまで、無数のエネルギーが地球に集中しているのです。地球はエネルギー集中の焦点になっているのです。これが地球の命を形成しているのです。

宇宙のあらゆるエネルギーが地球に集中しているのです。誰がしているのか。命を主宰するものがしているのです。そこで地球には生命現象があるのです。

命とは一体何か。物なのか心なのか。現在の医学では生理現象が命だと思っているのです。ところがそうではないのです。命は物理的に表現していますけれど、物理的に表現するためには原理がなければならないのです。

なぜ命が物理的に表現しているのか。命を物理的に表現している本体が心です。皆様の目が見えること、心臓が動いていることが、物理的に表現されている命の働きですが、そのように仕向けている原理がなければならないのです。

そのように仕向けている原理が心です。命の本質は心です。生理的な問題ではなくて心理的な問題です。皆様の精神のあり方の勉強が、皆様にとっての命の勉強になるのです。

自我意識の自分は悪いものに決まっているのですから、この自分を責めてもしょうがないのです。

臨済禅に、「百尺竿頭進一歩」という言葉があります。中国唐代の禅僧、長沙景岑の言葉だと言われています。百尺の高さの竿の上に立って、一歩進めと言うのです。進めば下に落ちるに決まっているのです。

竿の上ですから前はありません。前へ一歩進めば下に落ちるのです。落ちるに決まっていると思うのは、自分がそう思っているのです。しかし、前へ出たら落ちないかもしれないのです。

昔、京の都に商売人がいました。この人が商売に失敗して財産をすっかりなくしてまって、どうにもこうにもならなくなって、死んでお詫びをするしか仕方がないと考えたのです。

そこで、鞍馬山に行き首を吊る枝を探したのです。探して山の中へ入って行き、谷に突き出している一本の松の木を見つけたのです。その枝に縄を付けていたところ、天狗が現われて、「お前は死ぬ気か」と聞いたのです。商売人は死ぬと度胸を決めたので、天狗を見ても全然恐ろしくないのです。「死ぬ気です」と答えたら、「谷に突き出ている枝につかまって前へ行け」と言うのです。「分かりました」と言って、枝にぶら下がって前へ進んで行ったのです。

天狗が「もっと前へ行け」と言うので、枝の最先端まで行ったのです。そうしたら天狗が、「目をつぶって左手を離せ」と言ったのです。左手を離すと、「右手も離せ」と言うのです。

左手を離し右手を離した途端に、脇の下から羽が出て、空を自由に飛べるようになったのです。

これは臨済禅の非常におもしろい話です。これが百尺竿頭進一歩です。これを実行したら命が分かるのです。

現世には神の国があるのです。花が咲いているのです。花が咲いているというのは、花が咲いている世界があることを見せているのです。

花が咲いている世界は、自我意識で生きている人間の世界とは違います。花には、嘘も偽りも思い煩いも、焼き餅も妬みも憎しみもありません。

花は天然自然に咲いているのです。全く天地の法則に従って咲いているのです。だから死なないのです。花は枯れますが、死なないのです。花は天地の命を現わしているのです。これが神の国です。

花が咲いている世界がある。イエスは野のユリを見よと言っているのです。野のユリは働きもしないし紡ぎもしないのに、神はこのように装っていて下さる。栄華をきわめた時のソロモンでさえも、この花の一つほどに着飾っていなかったと驚くべきことを言っているのです（マタイによる福音書6・28〜30）。

一輪の野のユリが咲いている姿は神の国を現わしているのです。空の鳥が神に養われている姿が神の国を現わしているのです。

皆さまは花を見たり、空の鳥を見たりしているのです。皆様の目は天然自然の命、地球の命の姿を見ているのです。

目が見ているのならその世界へ入れるはずです。皆様の目は神の国を見ているのです。天国を知っているのです。

キリスト教の人々は死んでから天国へ行くと言いますが、これは大嘘です。死んでから天国へ行く、死んでから極楽へ行く。これは全く宗教の大いんちきです。

神の国や天国は、私たちが目の黒いうちに入るのです。死んだら絶対に入れません。死んだら地獄に行くに決まっているのです。

現在、皆様は鳥が飛んでいる世界や花が咲いている世界を見ているのですから、目の黒いうちに天国に入れるに決まっているのです。

私も御霊によって入ることができましたから、その経験を申し上げているのです。これは本当にすばらしい世界です。喜びと嬉しさに満ちた世界です。

花が咲いている世界があるのですから、ここへ入ったらいいのです。人間の欲も悪もないすばらしい世界です。ここへ入れるのです。

イエスやヨハネ、パウロは神の国に入っていたのに、パウロ以降二千年の間、世界中で神の国を見つけて入った人がいなかったのです。ようやくその光が日本で輝き始めたのです。これはヨハネの黙示録七章二節に預言されているからです。

現在の人間社会は全く迷いの世界です。このカルマの状態から抜け出しさえすれば、本当の命の世界へ入れるのです。

百尺竿頭進一歩です。右手を離し、左手を離すのです。右手が自我意識です。左手が現象意識です。この両手を離せば御霊《みたま》の世界へ入れるのです。御霊の羽が出てくるのです。

イエスはそれを経験していたのです。イエスと同じ感覚になれば経験できるのです。

命は物ではなくて心です。

花が咲いているのではなくて、咲かされているのです。花は自分の意志によって咲いているのではない。自然の道理、天候とか気候が花を咲かせているのです。

気候、天候を支配するものは、天地の理法です。自然法の原理です。天地の主宰である神によって支配されているのです。

命はエネルギーですが、これを動かすものは人格です。これが精神です。地球にはそれを支配する人格があるのです。それによって花は咲いているのです。

神が野のユリを装っているとイエスが言うのは、それを言っているのです。これが天と自然の理法です。理法というのは心です。心が天地自然を動かしているのです。

皆様の体を皆様の意志が用いているのです。意識が命を使っているのです。天地の主宰である神が命を動かしているのです。

百尺竿頭進一歩と言いますが、生死は心機一転にあるのです。心を更えて新にするのです。心を更えて新しくするのです。悔い改めて福音を信じるのです。

人間がこの世に生まれたということが、カルマの中へ放り込まれたことなのです。この世が業《ごう》です。生まれてきたというのは、業を背負わされたことです。

この世に生きているということは、色々な苦しみや悲しみ、思い計り、心ならずも頭を下げるとか、おべっかを言うとかいうことをしなければならないのです。自分が生きていると思っている時には、いつでもその人の心には重荷がのしかかっているのです。

自分が生きていると思うこと自体が重荷です。人間は自分の命ではないものを自分の命だと勝手に思い込んでいるのです。そういうことが、その人自身の重荷になっているのです。

生きているということは業を背負っていることです。この世に生まれてきたままの人間の生は業です。これをそのまま持っていますと、必ず死にます。

死ぬとは、ただ現世を去ることとは違います。現世を去ることは、命の状態が変化することです。

現世において命の本体を掴まえ損ないますと、この世を去ったら、その間違いの償いをしなければならないことになるのです。これを死と言うのです。

現世での考え方が間違っていたから、その償いをしなければならないことになるのです。これを霊魂の裁きと言うのです。これが恐ろしいのです。

人間は自分の命ではないものを自分の命だと思い込んでいたのです。これが大変な犯罪になるのです。

いつも申し上げることですが、皆様は自分で生まれたいと思って生まれたのではないのです。従って、自分はいないのです。ところが、自分がいると勝手に思い込んでいるのです。

なぜそのように思い込んだのかと言いますと、親の教育、学校の教育によってそのように思い込まされたのです。兄弟の教育、友人の教育、職場の教育、社会の教育によってそのように思い込まされたのです。これが全部間違っていたのです。

この世に生まれてきた人間は、人間がいる、社会がある、現象世界があると皆思い込んでいるのです。この業の中へ放り込まれたのです。だから、年をとるに従って、だんだんと業が堆積していくのです。

年配の方は業がだいぶ積もっていますが、心機一転したらいいのです。修行をしなければならないとか、何かの行をしなければならないのとは違うのです。苦しむ必要がないのです。今までの錯覚に気付いて、それを捨てればいいのです。

この世に生きているということが間違っていたのです。自分を愛することが間違っていたのです。自分を愛さないで命の本体を愛したらいいのです。

自分の命の本体とは、自分が生きていると思わない命です。自分が生きていると思っている命は、死んでしまう命です。自分が生きているということをやめても皆様の心臓は止まりません。

自分が生きているのではないと思っても、心臓が止まるのでもないし、自分が見えなくなるのでもない。自分が生きていないということが分かりますとせいせいするのです。やれやれと思うのです。

人間には天然自然の生命力があるのです。地球の生命力と同じ生命力が人間にあるのです。これに気付きますと、自分が生きていることを捨ててしまっても、命の本体があることがよく分かるのです。正味正本の命の本体があることが分かるのです。これがとこしえの命です。

この命を正確に捉えなければいけないのです。いいかげんないんちきな捉え方ではだめです。禅宗の悟りぐらいではだめです。

本当の悟りというのは地球が存在している原理を知ることです。天地が造られたことの原理です。この命を悟るのです。天地が生きているという命を悟るのです。

命がなければ地球は生きているはずがありません。命がなければ花は咲きません。花が咲く命があるということは、死なない地球の命が現われているのです。

皆様は死なない命を目で見ているのです。死なない命があることを目で見ているのです。この中へ入っていけばいいのです。

そこで、自分が生きているという自我意識を捨てるのです。自我意識を捨てるということについては、もっともっと勉強される必要がありますが、粗筋を申し上げればこういうことになるのです。

自分が生きているという気持ちを捨てても、皆様の心臓が動いているという事実に変わりがないのです。皆様の心臓が動いているということは、神の力が皆様の中に宿っているということです。

神の力が皆様の心臓の中に宿っていることに気が付きますと、両脇から羽がはえるのです。そうして、自由に空を飛ぶことができるのです。死を突破して、永遠の自由を獲得できるのです。

自分の命ではない命、天地自然の命が皆様の本当の命です。これが神の命です。自分の命だと思っていた命は神の命だったのです。これに気が付くと、人生が本当に明るくなるのです。

そうすると、自分の命に責任を持たなくてもよくなるのです。私の魂に私は責任を持っていません。持たなくてもいいのです。神が共にいますから、神が責任を持ってくれるのです。

神が一緒にいなかったら皆様の心臓が動くはずがないのです。花を咲かせている命と同じ命が皆様の中にあるのです。この命の中へ入れるのです。自我意識を捨ててしまえば入れるのです。

皆様の体には固有の目方があると思っていますが、そうではないのです。引力に対する抵抗が目方として計測されるのです。宇宙ステーションに行けば、人間も鉄も皆浮んでいます。これが固有の目方がないことを示しているのです。

例えば、目の前にコップがあるとします。手でコップを持ち上げるから重量があるのです。

机自身も重量を持っていません。机を置いたままであれば重量はありません。持ち上げると重量があるのです。引力に対して抵抗するからです。

置いておくだけなら重量はありません。

地球に抵抗するから重量が生じるのです。地球の引力に一致したら無重量になるのです。ロケットに乗って宇宙へ行かなくても、地球内にいて地球の引力に一致してしまえば、自分の重力はなくなってしまうのです。これを理解して頂きたいのです。

天地の命に一つになれば、死ぬべき自分がなくなってしまうのです。イエス・キリストの復活はこういうことです。自我意識を捨てて、自分が生きているというつまらない考えを捨てて、天地自然の命に帰ってしまえば、皆様の死がなくなるのです。これを歴史的事実として証明したのが、イエス・キリストの復活です。

イエスが死を破って甦った。これは歴史的事実です。これに対して、天地創造の原理を正しく理解して頂ければ分かるのです。イエスはどうして死を破ったのか。復活したイエスは今、どこにどうしているのか。イエスの命と皆様の命とどういう関係にあるのか。こういうことがだんだん分かってくるのです。

命は真理そのものです。本当の心が本当の命です。本当の心さえ分かれば命が分かるのです。自分が生きているという錯覚を捨ててしまえば、死を破ることができるのです。

現在の人間が信じている常識とか知識は、間違った錯覚です。この世では通用しますが、死んでしまえば通用しません。これが人間の知識、常識です。

死んでしまえば通用しない理屈ではなくて、もっと大きい考えを持って頂きたいのです。涅槃寂静と言えるような色即是空、五蘊皆空と言えるような考えを持って頂きたいのです。

生きているうちに、死んでしまう世界から抜け出して、死なない世界、神の国に入って頂きたいのです。目の黒いうちにできるに決まっているのです。

自分が生きているという錯覚を捨てさえすれば、本当の命に目覚めることができるでしょう。

命の本質は精神です。精神がエネルギーを支配しているのです。このことをご承知頂きたいのです。

13. 空の鳥、野のユリを見よ

現在の日本の社会では本当の女性を教えてくれる人はいません。本当の女性を自覚している人も珍しいのです。

聖書にある女性と現世の世間の女性とは違います。聖書にある女性は、「これこそ、ついに私の骨の骨」と言われている女性です（創世記2・3）。これが現在では肉の肉になってしまっているのです。

この女性は性欲の対象になりますが、恋愛の対象にはならないのです。本当の意味で恋愛ができる女性は、女性自身が女であることを認識する必要があるのです。

男性もまた、女性の見方を弁えて、永遠の命、命の本質に基づいて女性を見る。また、永遠の命に基づいて女性に見てもらう男性でないと、本当の恋愛は分かりません。永遠の恋愛とはそれです。

恋愛は永遠のものです。人間が生きている間の恋愛は、性の交渉であって、本当の恋愛と言えるものではありません。

小野小町は生きている間の恋愛が、嫌で嫌でたまらなかったらしいのです。それで彼女は逃げ回っていたのです。

原罪ということをよく調べていきますと分かることですが、現在の男性は根本的に神を見失っているのです。男は現世の中心的な人格です。現代文明を今日のように展開してきたのは男です。この世は男の世です。

この世の王を聖書は悪魔と言っています。イエスもこの世の王が悪魔だと言っています。現世で威張っている男は、悪魔そっくりです。

現世にいる人間は死んでいく人間ばかりです。皆様は死んでいく人間のこと、また、死んでいった人間のことはよくご存じですが、死なない人間のことはご存じないのです。

イエスは死なない命を経験していたのです。この人を勉強すれば本当の恋愛が分かるのです。本当の男性が分かれば本当の女性が分かるのです。

女の人は本当の男性を見たいと思っています。また、本当の男性に見られたいと思っているでしょう。こういう男性はめったにいません。ですから、本当の恋、永遠の世界に通じる恋を経験している人はほとんどいないでしょう。しかし、そういう恋はなければならないのです。

この世に生きている人の恋愛はセックスのことを言っているのでありまして、本当の恋愛ではありません。死なない命に繋がるような恋愛、イエスが持っていた命の中にある恋愛を掴まえなければいけないのです。

そのためには、人間観の不完全さをやめなければいけないのです。自分の見方の不完全さを持っているままでは、本当の恋愛は掴まえられません。世間並の恋はいくらでもできるでしょう。そんなものではしょうがないのです。

恋愛をして結婚する。喧嘩をして離婚する。そんなものは本当の恋愛ではないのです。人間の考えは皆五蘊ばかりです。肉の思いで生活していますから、肉の思いで恋愛しているのです。こんなものは恋愛とは言えないのです。

現在のキリスト教はエデンの園が全く分かっていません。もし本当に分かったら、カトリックという教派が成立しなくなるのです。プロテスタントも同様です。

皆様の人生観が根本的に矛盾しています。根本的に矛盾したままの状態で、エデンの園のことを考えても、命の実体として認識することができないでしょう。

皆様が現在生きている生活ですが、昨日のことを考えなければ今日の生活は成り立たないのです。昨日のこと、一昨日のことを無意識に知っています。だから今日の生活が成り立つのです。今日の生活をしながら明日のこと、明後日のことを考えるに決まっています。そのように今日の生活が成立するためには、まず昨日のこと、一年前、十年前を踏まえて考えているのです。過去、現在、未来という時間的配分を認識していなければ、人間生活の根本原理が成立しないのです。これをまず知って頂きたいのです。

これと同じ原理が皆様の生活において考えられていない。現世の生活を考える場合に前世を考えていない。これがいけないのです。

皆様がこの世に生まれてくるためには、生まれてくる原因がなければならないのです。生まれてくるまでの命がなければ、今日の命があるはずがないのです。

原因がなければ結果はない。現在の命を考える場合に、生まれる前の命を考えたでしょうか。宗教では絶対に分かりません。前世という言葉くらいはありますが、正しい意味で使われていないのです。具体的な意味で前世があるとすれば、それはどのようなものであったのか。これがキリスト教では全然分からないのです。

創世記が分からない。エデンの園が分からないのです。

聖書に次のようにあります。

「主なる神は土のちりで人を造り、命の息をその鼻に吹き入れられた」（創世記2・7）。

「主なる神は言われた、『見よ、人はわれわれの一人のようになり、善悪を知るものとなった。彼は手を伸べ、命の木から取って食べ、永久に生きるかもしれない』。そこで主なる神は彼をエデンの園から追い出して、人が造られたその土を耕させられた。神は人を追い出し、エデンの園の東に、ケルビムと回る炎の剣とを置いて、命の木の道を守らせられた」（同3・22〜24）。

人間が土で造られたとは書いていません。創世記の二章七節では土のちりで人を造ったと書いています。ところが、造られた土を耕さなければならなくなったのです。これが現世の人間の運命です。

創世記の一章、二章を見ても、人間が土で造られたとは書いていません。二章の七節では、土で造った鳥や獣を連れてきたと書いています。人間が土で造られたとは全く書いていません。キリスト教は間違っています。神学校へ行って勉強して資格を取るのです。そして牧師になるのです。こんな人に聖書が分かるはずがないのです。

神学校で教えるのはキリスト教の教義であって、聖書の命ではないのです。神学校では神の言葉を正しく扱っていないのです。教義を学んだ者が免状をもらって牧師になっている。こんな人が神の命が分かるはずがないのです。

苦しんで、苦しんで、死ぬほど苦しんで、御霊と相撲を取って本当に神の言葉が開かれた人間でなければ、人を教えてはいけないのです。神学校という制度がキリスト教を腐らせているのです。

ルネッサンス以降の文明には本当の真理はありません。概念ばかりです。宗教も学問も概念ばかりです。真実は一つもないのです。

般若波羅蜜多の彼岸は、ルネッサンス以降は一つもありません。聖書は彼岸ばかりを書いています。神の国へ入れとばかり言っているのです。

キリスト教では神の国が分かりません。神の国という言葉はありますが、その実体が分からないのです。美しい花を見るととても嬉しい気持ちがします。これは神の国を見ているのです。イエスが「野のユリを見よ、空の鳥を見よ」と言っています。空の鳥が生きている姿の中に、神の国があるのです。

人間は過去、現在、未来を区分して認識する性能を持っています。これを理性と言うのです。過去、現在、未来を認識しなければ命は分かりません。ところが、現世の人間は現世に生きていることは分かりますが、前世のことを知りません。エデンの園という前世が全然分かっていないのです。

「人間が善悪の木の実を食べて、我々の一人のようになった」と神が言っています。我々というのは三位一体の神を言うのですが、人間が三位一体の神の認識を持つに到ったと言うのです。

これはどういうことかと言いますと、善悪を考えることができるのは、神しかいないのです。神以外の者は善悪を考えてはいけないのです。神以外の者が善悪を考えると、必ず自分の都合の良いように考えるのです。そして死んでしまうのです。

人間が善悪の木の実を食べた結果、善悪を考えるようになったのです。これが死んだということです。神以外の者が神と同じように善悪を考えることが悪いのです。これは宇宙的な非違《ひい》です。非違とは間違ったこと、正当ではなことを言うのです。

かつて、日本の平安朝の時代に検非違使がいました。律令制下の令外官の一つで、非違（非法、違法）を検察する天皇の使者でした。

非違とはしてはならないこと、考えてはならないことです。人間が善悪を考えること自体が非違です。アダムはこれを犯したのです。

非違を犯すということは死を意味するのです。どれがいいか、損か得かを考えたら、必然的に自我意識が発生するのです。

善悪の木の実を食べた結果、アダムとエバに自我意識が発生した。そうして、神から離れて独立した人格を認めたのです。

神とは命そのものです。神から離れたことは命から離れたことです。神以外の者が独立した人格を認めることは、死を意味するのです。

キリスト教の人々は、自分が天国へ行きたいと思うから教会へ行くのです。自分が救われたいと思うから教会へ行くのです。自分が救われたいと思うから聖書を勉強するのです。

自分が救われたいと思うことは、自分の人格を認めていることになるのです。これが間違っているのです。カルビンとルーテルが甚だしいイージーゴーイングなことを考えたのです。義人が信仰によって救われるという聖書の言葉を勝手に変更して、自我意識を持った自分が救われると言い出したのです。

義人とは自我意識の自分を持っていない人間のことです。ノアは義人でした。なぜなら、ノアは神の意識で生きていたからです。神の命と同じ命で生きていた。ノアは神から離れて生きていたのではないのです。この状態を義人と言うのです。

キリスト教の人々は、義人という意味を全然知らないのです。義とせられるとは、神と同じように認められることです。アブラハムは神と同じように認められた。だから義とされたのです。

山上の垂訓でイエスは、「天の父が完全であるように、あなたがたも完全でありなさい」と言っているのです（マタイによる福音書5・48）。神と同じように完全になることが義とせられるという意味であって、人間が義と認められることとは違うのです。この点をルーテルやカルビンは摩り替えたのです。

キリスト教は見事に真理を宗教に摩り替えてしまいました。カトリックもプロテスタントも根本的に間違っているのです。

皆様の人格が神の中に入ってしまうことを、義とされると言うのです。天の父が完全であるように、あなたがたも完全になれというのは、自分が消えてしまうことを言っているのです。アダムが善悪の木の実を食べて善悪を考えた時に、自我意識が発生した。神から離れた人格を持つようになったのです。これが陥罪です。

神から離れた人格を持っている人は、全部罪人です。固有名詞の自分がいると考えた人は、もう死んでいるのです。

神の内で、神の中で、自分を見ることを神の国に入ると言うのです。神の国に入って自分を見なければだめです。神の国に入らないで神を信じたといくら言っても、それは宗教観念にすぎないのです。

前世が分からず、来世も分からない。現世だけを認識して生きている人の生き方は、根本的に不完全です。

時間を過去、現在、未来に区分して認識することが理性の本質ですが、これと同じことが皆様の霊魂にも要望されているのです。

アダムとエバは善悪を知りました。これによって、神から離れて自分が生きているという認識を持つようになりました。そこで、エデンに住んでいられなくなったのです。

エデンは前世です。皆様が現世に生まれたというのは、前世から追い出されたからです。そこで、肉の命を負わねばならなくなった。自分が生きているという、変則的な命を持たなければならなくなったのです。

現世に生まれた人間は、全部死ななければならないのです。現世だけしか分からない人間は、全部死んでしまうに決まっているのです。

人間が天国へ行けると考えるのは、もっての外です。キリスト教の人々が言うことは全部間違っているのです。死んだら天国へ行けるというのは、真っ赤な嘘です。

現世に生きている間に前世を見つけるのです。来世を掴まえるために現世でどのように生きたらいいかを、各自考えて頂きたいのです。

とにかく、どのような方法でもよろしいから、前世を見つけて頂きたいのです。

花が美しいというのは、皆様が前世で学んできたのです。女性に惚れるというのも、前世で認識していたからです。男女の問題は生まれる前に習っていたのです。

前世では神の命を無意識に経験していたのですが、それをもう一度有意識的に経験しているのです。これが分かれば誰でも神の国に入れるのです。

14. 聖書

聖書は地球存在の原書、または地球存在の原点です。聖書は命の文であって、キリスト教の教本ではありません。キリスト教の人々は聖書を勝手にキリスト教の教本にしているだけであって、キリスト教と聖書は、何の関係もないのです。

宗教ではない聖書というのは、宇宙存在の原点である、地球存在の原書であるという意味です。従って、皆様の命の原書になるのです。

聖書を知らない人は、命を知らないことになるのです。聖書が分からない人は、命が分からない人になるのです。

日本人はほとんどの人が命が分からない人間です。だから、ほとんど大多数の人間は地獄へ行くことになるのです。そして、死んでから霊魂の裁きを受けるのです。

これは日本人だけではありません。世界中の人々がそうなるのです。アメリカ人とか、イギリス人、フランス人と言った白人社会の人々は、キリスト教という形で聖書を読んでいますが、聖書を宗教にしてしまっているのです。

彼らは聖書の本質を知らないで聖書を弄んでいるのです。日本人は弄んでいるのではない。敬遠しているのです。聖書には関係がないとして無視しているのです。

ところが、皆様の命は聖書から出てきているのです。皆様の命は聖書から流れ出しているのです。このことを承知して頂きたいのです。

人間の精神の色々な論理的な組み立てが、宇宙になっているのです。色々な物理構造、論理構造、心理構造によって構成されているのです。これが命になっているのです。

命の構成原理が精神の原理になっているのです。こういうものは聖書から出てきているのです。人間の精神構造、人格構造が聖書から出てきているのです。

聖書という言葉を、特別なもののように考えるからいけないのであって、命の文とか命と言えばいいのです。

命が一つの構造になっている。これが皆様の人格構造になって現われているのです。これが人間です。人格構造、精神構造が肉体になっているだけのことです。

肉体があるのではないのです。精神構造、人格構造が肉体になって現われているだけのことです。

聖書を知らない人は、自分の精神の構造、肉体の構造が全く分かっていないことになるのです。医者は病理のことは分かっているでしょう。しかし、精神構造の勉強はしていません。命の原理の勉強をしていませんから、命が分からないのです。

聖書は命の原書です。命そのものの原点を書いているのです。従って、聖書は宗教の書物ではありません。

日本人は命の原点を全く知らないのです。ですから、天皇制が何のことか分らないのです。

日本の憲法第一条が全然分かっていないのです。天皇は日本国の象徴であるとあります。この意味が分かっていないのです。国会議員の人々が分からないのです。

一億二千万人の日本国民が憲法第一条が分かっていないのです。これがはっきり分かれば、人生観が全く変わってしまうのです。日本人でありながら憲法第一条が分かっていないのです。聖書が分からないからです。

宗教ではない聖書が分かれば、憲法第一条の意味がはっきり分かるのです。そうして、自分がいないことがよく分かるのです。その意味で、日本の憲法はすばらしいものです。すばらしい真理を押し出しているのです。

日本国憲法を書いた人も、知らずして書いたのでしょう。人間文明の一番終わりに、日本という国に、そういう憲法があるのは不思議なことです。

宗教ではない聖書はどういうものかを、よく考えて頂きたいと思います。人間は生きていながら命が分からない。日本人でありながら日本の憲法が分からない。人間はそういうものです。

生きていることが何のことか分からない。自分が人間であることが何のことか分からない。宗教ではない般若心経、宗教ではない聖書が何のことか分からないのです。

人間は生きていながら自分自身が何者かが分からないのです。おいしいものを食べていながら、おいしいものを食べると、自分の霊魂にどういう関係があるのかが分からないのです。

現在の教育は人間をだんだんとばかにしているのです。人間精神をくらますために、魂を見えなくするために、教育制度があるのです。

現在の教育を受ければ受けるほど、人間の叡智がなくなってしまうのです。だから、憲法第一条が分からないのです。天皇と国民の関係も分からなくなっているのです。

文明はそういうものです。皆様は現在生きているということを経験しているのです。生きているということを現在経験していながら、何のために生きているのかが分かっていない。生きていながら命を全く知ろうとしていないのです。こんな不熱心なことはないのです。

人間が肉体的に生きていることが嘘です。精神構造、生理構造の色々なものが、肉体構造になっているだけのことです。肉体は一つの現象であって、存在ではないのです。これを色即是空と言うのです。

色即是空ということは般若心経に書いていますが、仏教の専門家でも、色即是空ということが本当に分かっている人がめったにいないのです。一人もいないと言った方がいいでしょう。

色即是空ということが理屈で分かってもだめです。本当に実感的に分からなければだめです。自分が生きてることが嘘なのだということが色即是空ということです。

自分が肉体的に生きていることが、嘘です。ところが、肉体的に生きていることが本当だと思っている。皆様は非常に悪質な詐欺にかかっているのです。非常に巧妙な詐欺にかけられているのです。

現在の文明構造というもの、教育思想というもの、政治経済の思想というものは、全部肉の思いという意味で詐欺の思想です。

　肉体的に存在する人間が実存しているのだと思っているのです。ところが、肉体的に存在している人間はいないのです。これが色即是空ということです。

　皆様は人間が肉体的に存在していると思っているでしょう。人間の肉体感覚はありますけれど、肉体の感覚は生理現象、または精神現象と考えるのが正しいのでありまして、肉体現象ではないのです。肉体現象のように思われるのですけれど、詐欺にかかっているからそのように思うのです。騙されているからそう思えるのです。

　人間は自分の常識、知識によって考えています。特に文明構造の意識によって、人間の精神構造が騙されているのです。皆様の魂は文明にまんまとかつがれているのです。

　新約聖書を慎重に見ていきますと分かるのですが、現在の文明を偽キリストと言っています。偽キリストによって人間の霊魂はうまく瞞着されているのです。騙されきっているのです。こういう状態になっているのです。ですから、色即是空が分かったと言うのが大間違いです。

　仏教信者がいくら般若心経を読んでいてもだめです。般若心経を仏教の教典だと考えて、般若心経を何十回何百回読んでも、毎日毎日般若心経を読んでいても、般若心経の本当の意味は絶対に分かりません。それは騙されながら読んでいるからです。

　騙されながら読んでいるから何回読んでもだめです。色即是空というのは、皆様の肉体が存在していないことを言っているのです。

個々の人間は実存してないことが、色即是空という意味です。色即是空ですから、固有名詞の人間は存在していないのです。

人間の常識は真理、真実から考えますと、全くの嘘です。人間は嘘を信じ込まされているのです。これが文明の様相です。教育というものです。ですから、命の根本から考える場合と、生活から考える場合とでは、全然違ったことになるのです。

生活を基礎にして考えている人は、死んでしまうことになるのです。死んでしまえば生活は消えてしまうのです。そこで、こんなはずではなかったということになるのです。

生活があると思っている人、固有名詞の自分があると思っている人、現在、財産、地位、名誉があると思っている人は、死んでしまったらひどいことになるのです。

人間の常識、知識は人間の霊魂を根本から騙しているのです。このことが般若心経で言う五蘊皆空ということです。このことをよく弁えて頂きたいのです。

人間は肉体的な自分が生きていると思っています。この考え違いをできるだけ認識するようにして頂きたいのです。

誰でも自分の体があると思っています。ところが人間の体があるのではない。物理構造という働きが存在しているだけであって、肉体があるのではないのです。精神構造、物理構造が肉体的な形で感じられるだけなのです。

これを聖書では第一創造と言っているのです。第一創造というのは、現在の太陽系宇宙が造られている状態を言うのです。

現在の太陽系宇宙というのは、仮の創造です。現在の物理的存在は、本当の実体ではないのです。今の科学は本当の学問ではないのです。今の科学は物質が存在することを仮説している学です。

物理的に物があるということを、仮説しているのが学問です。時間、空間が実存するような感覚で考えることが条件になっているのです。

ところが、時間、空間が本当に実存するという証明が、今の学問ではできないのです。近世文明はそういう仮説によって成立しているのです。仮の学問に満足しているのが今の文明です。

人間の霊魂は仮の文明では満足できないのです。だから、何のために生きているのかという問題が、さっぱり分からないのです。

肉体があるという考え方もありますけれど、肉体がないという考え方もあり得ることになりますので、色即是空、空即是色となってしまうのです。

宗教ではない般若心経と聖書を信じるとしますと、現在の学問は信じられないことになるのです。学問を信じるとしますと、般若心経と聖書は信じられないことになるのです。

人間は文明生活にたぶらかされているのです。目の前にニンジンをぶら下げられている馬みたいなものです。人間はこういうばかな文明に引きずられているのです。

皆様は本当の霊魂に目覚めて頂きたいのです。皆様の命の実体は魂です。人間ではないのです。

人間である自分を見切ってしまって魂である自分に目を付けるような、思い切った勇気を持つことができる人だけが、死なない命を掴まえることができるのです。

今までの常識を持ったままで私の話をお聞きになっても、半分は分かっても、半分は分からないでしょう。ほとんど分からない人がいるかもしれません。こういう状態を突破するためには、辛抱強く勉強会に出席して頂くことです。そうして、熱心に勉強して頂くことです。

物というものが果たしてあるのかないのかということです。物というのは現象のことです。現象はあるように思えるだけのことです。

物理状態が現象している状態が物として見えるのです。物は現象しているのであって、存在しているのではありません。ある状態があるように見えるだけのことです。

あるように見えるだけのことです。切断面のようなものです。あるように見えるのです。今という条件で事がらがあるのです。これを聖書は霊と言っているのです。このことが日本人にはなかなか分からないのです。

宗教を勉強しても本当の真理は分かりません。宗教を解脱してしまわなければ、本当の真理は分からないのです。宗教を解脱して、宗教の向こう側へ通り抜けてしまうのです。

宗教の門に入るのは結構ですが、向こう側へ抜けてしまわなければいけないのです。そうすると、初めて宗教を卒業することができるのです。学問を卒業してしまうのです。人間の宗教も常識も卒業してしまうのです。これが究竟涅槃です。

究竟涅槃になりますと、初めて学問とか宗教、人間が現在生きている状態、自分の感情、利害得失に捉われない状態になるのです。これを霊と言うのです。霊の思いが分からないと、命は分かりません。

霊の思いは命であり平安であるという言葉がありますが、皆様が生きているという事がらが霊です。人間がいるのではありません。生きているという事がらがあるのです。

宗教や学問に捉われていても本当のことは分かりませんから、ここから出てしまうことが必要です。現世を解脱するのです。これが般若波羅蜜多です。

般若波羅蜜多というのは彼岸へ渡る上智です。この現世から出てしまって、向こう岸へ渡ってしまうのです。向こう岸へ渡ってしまうことが般若波羅蜜多です。これを考えて頂きたいのです。

現世に生きている状態で、物であるのか、事であるのかということを考えても結論が出てこないのです。物という考えも間違っていますし、事であるという考えも間違っています。物もないし事もないのです。あるのは霊があるだけです。霊の根源があるだけです。

霊というのも実はあるのではない。物もないし事もない。ただ生かされているという事実があるだけです。

皆様が現在生きているという、命の根源を掴まえて頂きたいのです。人間歴史の中にイエス・キリストが復活したという事実があるのです。死んだ人間が三日目に復活したのです。この復活したという事実は、物でもないし、事でもないのです。

復活という事実を掴まえることができれば、本当のことが分かるのです。

人間は幸せになりたいと思っています。幸せとは一体何でしょうか。幸せだと思ったことが、不幸せになる原因になる場合がありますし、不幸だと思ったことが幸福の原因になることもあるのです。幸とか不幸とかいう問題は、人間的に言うとなかなか分からないのです。

中国の諺に、「人間万事塞翁が馬」という言葉があります。これは淮南子の人間訓の中にある言葉です。

塞翁とは北方の塞《とりで》に住むとされた老人（翁）のことで、ある日、塞翁が飼っていた馬が逃げてしまったので人々が慰めに行くと、塞翁は、「これは幸いになるだろう」と言った。

数か月後、逃げた馬は立派な駿馬を連れてきたので、人々がお祝いに行くと、塞翁は「これは災いになるだろう」と言った。

塞翁の息子が駿馬に乗って遊んでいたら、落馬して足を折ってしまったので、人々がお見舞いに行くと、塞翁は、「これは幸いになるだろう」と言った。

一年後、隣国との戦乱が起こり若者たちがほとんど戦死したが、塞翁の息子は足を骨折しているために兵役を免れて命が助かった。

この故事から、「幸（福、吉）」と思えることが、後に「不幸（禍、凶）」となることもあり、また、その逆もあると言うのです。

人間に命があるのではない。人間の精神構造が命になって現われているだけのことです。ところが、皆様の精神構造が五蘊になっているのです。目に見えるものが存在していると考えているのです。これが肉の思いです。

目に見えているものがあると考えていることが、人間の精神構造の根源になっているのです。目に見えているとおりのものがあると思っているのですが、実は嘘です。肉の思いで見ているから、見ているものがあると思えるのです。だから、人間の思いは皆間違っているということになるのです。

人間のあらゆる思いが皆間違っているのです。学問でも、宗教でも、道徳も法律も、皆間違っているのです。

生活という面から考えると、道徳も、法律、学問、宗教、政治、経済も皆正しいのです。しかしこの世を去ってしまうことになりますと、皆役に立たなくなるのです。だから、間違っているということになるのです。

何が正しいのか。この世を去っても通用するものが正しいのです。人生は過去世と現世と来世とがあるのです。人生はこの三つの世があるのです。この三世が分からないといけないのです。

人間文明は現世に生きていることしか考えていません。現代教育は現世に生きていることしか教えていないのです。現世の生活に役に立つことだけを学理学説として教えているのです。

学理学説というのは現世に生きている間だけの理屈です。この世を去ってしまうと、全く役に立ちません。人間の常識も宗教も同じです。この世を去ってしまうと一切役に立たないのです。

今までの皆様の勉強は、この世を去ると何の役にも立たないのです。皆様の命は死んでからどうなるのでしょうか。死んでからどうなるのかが分かっているのでしょうか。死んでからどうなるのかということが分かっている世界観でなかったらだめです。

過去、現在、未来に通じて考えられるような世界観、価値観を持って頂きたのです。現在の人間は生活第一主義的によって考えているのです。これは現在の人間の文明主義的な考えでありまして、私たちが現世に生きていることだけが人生ではありません。

現代人は現世に肉体的に生きていることを、人生のすべてだと思っています。そのように思い込ませられているのです。現世に肉体的に生きているということが、自分のすべてであるというように思い込ませられているのです。これが現代文明の非常に悪い点です。

ユダヤ人は現代文明というつまらない思想に落ち込んでしまうような、つまらない人間ではないのです。ユダヤ人は六千年の間、神を信じそこなってしまいまして、とうとう神に反抗したのです。そのために、全世界の人間に、神に反逆する思想を植え付けたのです。そういうけしからんことをしているのです。

こういうことが現代文明の中心思想になっているのです。死んでからのことを一切考えないということが、現代文明の思想です。

生きている間だけの生活を考えようというのが、近世から現世の文明思想であって、この被害を全世界の人間が受けたのです。日本人はこの被害を非常に強く受けているのです。これがユダヤ思想の最大の害悪です。

白人の中へユダヤ人が入り込んで、白人全体をたぶらかしたのです。これが現代文明の大欠陥になっているのです。

やがて現代文明は根本的に崩壊するでしょう。神に逆らっているからです。聖書の原点に逆らっているからです。ユダヤ人の考えは根本的に崩壊せざるを得ないのです。ユダヤ人の考えが崩壊すれば、人間文明は崩壊せざるを得ないのです。

世界全体が根本的に崩壊してしまうのです。こういうことがどうして起きるのかと言いますと、人間の世界観の根本が間違っているからです。文明構造はこういう間違いをしているのです。

人間は現世に生活するために生まれてきたのではありません。現世で生活することによって、来世とはどういうものか、霊魂とはどういうものか、肉体構造とはどういうものか、霊とは何か、物と心との関係はどうあるのか、命とは何か、神とは何か、悪魔とは何か、死とは何かを正確に勉強するために生まれてきたのです。現世で生活するために生まれてきたのではないのです。

現世で勉強するために生まれてきたのです。ところが、現代人は現世にだけ生きているのです。現世に執着しているのです。こういう人は必ず地獄へ行くことになるのです。

現代文明には目的が一つもないのです。日本の国家には目的がないのです。現在の学問にも目的がないのです。現在の政治には目的がないのです。経済も法律も、道徳も、宗教も目的がないのです。永遠の目的がないのです。

現代の文明は永遠の目的を一つも持っていないのです。こういう大欠点を拭い去るために、神が私たちを起こしたのです。

文明を信じることは自由ですが、信じている人は地獄へ行くことになるのです。真面目に生活することは結構ですが、生活するために自分の魂を犠牲にしてはいけないのです。

魂は永遠のものです。生活は現世だけのものです。これをよく考えて頂きたいのです。

人間は神に生かされています。人間が神に生かされているという客体性があるのです。誰が人間を生かしているのか、何のために生かしているのかということです。

これは仏教では全く答えられないのです。天理教もＰＬ教団も、大本教も答えられません。新興宗教の指導者はそれについて色々理屈を言うでしょう。それは世界的には通用しないのです。私は世界的に、宇宙的に通用することをお話ししているのです。

人間には反抗できないものがあるのです。これが客観的な絶対です。

まず地球があります。地球がなくても、地球がなければならないような宇宙的な必然性があったのです。これを命と言うのです。

これが「ある」ということです。「ある」ということは説明ができないのです。「ある」というのは存在することです。これが生きているのです。これを神と言うのです。簡単に言いますとこういうことになるのですが、これを説明しますと聖書六十六巻になるのです。

「ある」ということがすべてです。ないということが「ある」のです。善が「ある」、悪が「ある」のです。生きるということが「ある」のです。何でもあるのです。「ある」ということが絶対です。賛成しようが反対しようが、「ある」ことは「ある」のです。

「ある」というのは反対できないのです。反対する気持ちが「ある」のです。

人間は何かの形で、「ある」に立脚しなければ考えることができないのです。見ることができない、聞くこともできないのです。「ある」を前提にしなければ五官は働かないのです。

皆様の五官が働いているのは、「ある」ことを前提にしています。反対ができないものが人間を生かしているのです。「ある」ということを認めるために、私たちの命があるのです。

「ある」ということを認めるために、人生があるのです。皆様があるのは、命を認めるためです。

常識で考えていますと、自分の人生の目的が説明ができません。自分の人生に目的がないということを、白状することが恥ずかしいので言わないだけです。死んでしまえばそれまでだと言ってごまかしているのです。

皆様は学校で習ったこと、世間で覚えたこと、テレビや新聞、雑誌等のいわゆるマスコミやインターネットで知ったこと以外は知らないのです。

これは全部死んでしまった人間が言い残したことばかりです。死んでしまうに決まっている人間が書いた本をいくら勉強しても、やはり死んでしまうのです。

だから、人間はやがて死んでしまうということが分かっているのです。これは死んでしまう命を押し付けられているのです。

目的がない文明、目的がない人生を押し付けられているので、何か目的があるようなものを信じて、自分自身をごまかしたいのです。また、他人をごまかしているのです。これが人間社会の様相です。

15. ユダヤ人の悔い改めを切願する

日本では般若心経を愛誦している人は、一千万人もいます。五蘊皆空を知っている人は多くいますが、信じている人はいません。

インマヌエルとは何か。インマヌエルとは神が生きていることを悟ること、神に生きていることを悟ることです。神の中に自分がいることを悟ることです。神と自分が同居していることとは違います。神が半分と自分が半分とが同居していることではない。神だけがあることを肉体を持っている状態で認識することを言うのです。

ユダヤ人が支配する世界歴史の中で、私たちのように神に取り扱われて、人間存在の秘密について端的に学んでいるというグループは他にありません。

釈尊は誰に命じられたのでもないし、責任を持たなければならない必要性もなかったのですが、生老病死を見過ごすことができなかったので、強引に求めていったのです。たった一人で求めていったのです。こういう人もいるのです。

釈尊は自分の霊魂に対して責任感を持っていたのです。私も若い時から、人間は何のために生きているのか。子供を産んで死んでいく、子供を産んで死んでいく。こんなばかなことを今の大人はなぜ継続しているのかと思ったのです。

死ぬのが嫌だと思いながら死んでいく。死ぬのが嫌だと思っていながら、皆死ななければならないと思っている。こんなばかな人生をなぜ生きているのか。大人はばかではないかと思ったのです。

パウロは次のように言っています。

「私はキリストにあって真実を語る。偽りは言わない。私の良心も聖霊によって、私にこうあかしをしている。

すなわち、私に大きな悲しみがあり、私の心に絶えざる痛みがある。実際、私の兄弟、肉による同族のためなら、私のこの身が呪われて、キリストから離されてもいとわない」（ローマ人への手紙９・１〜３）。

イスラエルのためなら自分が神から捨てられてもかまわない。こういう覚悟がいるのです。ユダヤ人が神に逆らっているために、全人類に神の栄光が現われることができないのです。これがけしからんのです。自分の救いはどうでもいい。とにかくユダヤ人のために祈らなければならないのです。

自分一人のために聖書を勉強しているのではありません。神の国の実現のために勉強しているのです。神の国が実現したら地震がなくなります。台風、津波、洪水、噴火等の自然災害が全くなくなります。泥棒も、争いも、戦争もなくなります。核兵器がなくなるのです。イスラエルがイエスを受け入れたらこれが実現するのです。

命をあらためるのです。革命するのです。皆様の命を革めると世界の命が革まるのです。私たちは全世界の人の命を救う導火線にならなければいけないのです。

皆様は人類の命を革める、世界に神の国を実現するための導火線にならなければいけないのです。地震、台風、洪水のない世界を実現するのです。戦争、犯罪のない世界を実現するのです。

こういう思い切った大事業をするのです。イエス・キリストの信仰ならできるのです。未だかつて人間歴史の中で、こんな大きい仕事をした人はいません。神が私たちにそれをさせようとしているのです。

皆様は自分と神、霊と肉の仕分けができないのです。肉体で生きている状態で霊的に責任を持とうとしている。肉体を持っているという感覚に重点を置いて人生を見ている。これが間違っているのです。

パウロは言っています。

「すなわち、すべての人は罪を犯したため、神の栄光を受けられなくなっており、彼らは価なしに神の恵みにより、キリスト・イエスによる贖いによって義とされるのである」（ローマ人への手紙3・23、24）。

ここには重大なことが書かれているのです。この箇所をキリスト教の牧師は、正確には説明できないのです。

皆様は神の栄光を受けられなくなっているのです。受けられなくなっているという意味は、神の栄光を受けとめることができないような心理状態になっているという意味です。神のとこしえの命という恵みがあるのですが、これを受けとめることができないような心理状態になっているという意味です。

人間はこれを知らないで、神の栄光を受けとめようとしているのです。聖書の言葉を自分が理解できると思っているのです。

神は固有名詞の人間を認めていないのです。霊魂を認めているのです。ところが、人間がそれを受けとめようとしているのです。霊魂として学ばないで、人間として学んでいる。ここに根本的なくい違いがあるのです。

パウロはすべての人は罪を犯したと言っていますが、これはどういう意味なのか。肉体を持った固有名詞の人間がいると考えている。自分がいると考えている。これが罪を犯したことになるのです。

固有名詞の人間は、十字架によって死んでしまっているのです。新約時代というのは、すべての人間が、キリストと共に十字架に付けられた時代です。

十字架によってイエス・キリストの肉が殺された。そして、すべての人間が殺されたのです。

キリストが霊にて生かされた。私たちも霊にて生かされているのです。

復活したイエス・キリストの命が私たちの命です。これを事実として受け取れるかどうかです。イエス・キリストの事実が私たちの事実の実体です。これがイエスが主であるということです。イエスの事実が自分自身の主体性です。

主体性を確立するということは、固有名詞の自分を主体とするのではない。イエス・キリストという事実が自分の人生の主体になるのです。これを主体性の確立と言うのです。

自分を信じていたらいつまでたっても宗教になってしまいます。イエス・キリストの事実を自分の命としないからです。自分が生きているという事実を事実にしているからです。

イエス・キリストの事実が自分の事実です。自分が生きているという事実は消滅しているのです。

罪を犯して聖書を勉強しているのが宗教です。固有名詞の人格を持ったままで、聖書を勉強するということが犯罪行為です。

自分自身を他人だと思わなければ本当の命は分かりません。妻や子供のことを、不人情な男は他人と思うでしょう。それだけではいけないのです。自分自身を他人だと思わなければいけないのです。

自分自身の本体がイエスであるとしたら、自分が他人になるのです。自分の家族ももちろん他人です。そうすると、家族をどのように扱ったらいいのか。自分の家族、自分の人生をどのように乗り越えるかです。

古き人とは罪を犯し続ける人間です。これを自分として認めている人間は、神の栄光を受けることはできません。受けとめたいと思っても、受けとめることができないのです。

古き人は神の栄光を受けとめる力を持っていないのです。神は栄光を与えてはいるけれど、それを受けとめる力を持っていないのです。

肉の人間を自分だと考えている間は、神の霊なる恵みを受け取ることができません。受け取ろうと思ってはいるが、受け取ることができないのです。

キリスト教ではキリストを信じたら救われると言いますが、イエス・キリストを受け取ることができないのです。

私はイエス・キリストの十字架以後、異邦人の間で初めてこの難関を突破する方法を、村岡太三郎先生のアドバイスにより、神から教えてもらったのです。これが般若心経の五蘊皆空と色即是空です。

加藤という固有名詞の人間を自分だと思うことが五蘊です。家庭があると思うことが五蘊です。私は家庭を捨てよと言っているのではありません。家庭はあってもいいのですが、家庭に対する認識が間違っていると言っているのです。

肉体はあってもいいのです。肉体に対する認識が間違っているのです。認識の間違いは、罪を犯し続けていることになるのです。

ユダヤ人であるかどうかは霊魂の問題です。約束に対して強い執着を感じていることが、ユダヤ人であることになるのです。だから、この世に生きていることが間違っているのです。ユダヤ人は神の国に生きるべきです。神の国に生きているのがユダヤ人です。この世に生きていてもいいのですが、この世に生きているままの状態で、神の約束を顕揚すべきです。

イスラエルの約束というのは霊に従って生きることです。これが実行できない人は、約束を信じていないことになるのです。アブラハムが受けた祝福をまともに受けることができる者が、霊に従って生きることになるのです。

神の栄光を受け取ることができない心理状態で、いくら聞いてもだめです。いくら勉強しても分かりません。祈っても分からないのです。どうしても分からないのはなぜか。神の栄光を受け取ることができなくなっているからです。

そこで、般若心経が言っている五蘊皆空、色即是空を実行するのです。見ていること、聞いていること、考えていることがすべて間違っているのですから、それを全部空じてしまうのです。そうして、生まれたままの赤ん坊の状態になってしまうのです。

そうしたら、初めて神の栄光が分かるのです。五官が働いていること、生理機能の働き、心理機能の働きがすべて神の栄光であることが分かるのです。

また、森羅万象も神の栄光であることが分かるのです。これらはすべて地球が現われる前のできごとです。それが今、目に見える形で現われているのです。つまり神の国が見える形で現われているのです。これをよく考えて頂きたいのです。

16. ノアの洪水

人間は一日生きている間に、十回や二十回矛盾を感じることがあると思います。不平や不満、不安を感じることが必ずあるに決まっているのですが、そのことの根本的な原因を究明しようと思わないで、自分をごまかしているのです。

これがいけないのです。矛盾を矛盾として取り上げないことがいけないのです。それも矛盾をなくすということではなくて、矛盾の本性を見極めることが大切です。

矛盾の形をなくそうとするのが革命主義です。革命主義というのは、人間の考え方によって矛盾を打倒しようとする。その結果、もう一つの矛盾が生まれるのです。

自分の目の前の矛盾はなくなりますが、その代わりにもう一つの矛盾が新しく生まれるのです。

革命は何回しても同じことです。むしろ革命すればするほど、矛盾が広がっていくのです。革命という次元の低い幼稚なことを考えるのではなくて、根本的な原因を考えるのです。そうすると、矛盾が矛盾ではなくなってしまうのです。従って、革命をする必要がなくなるのです。

人間は現在矛盾だらけの中に生きています。矛盾だらけの中にいるということは、黄泉《よみ》の中にいることです。黄泉の中にいるということは、死んだ状態にいるということを証明しているのです。

矛盾の本質は地獄の本性です。これが現世に現われている。これが人間の中にあるのです。

人間の心の中に地獄があるのです。

ノアの洪水の時に人間は全部死んでしまった。ところが、ノアの洪水に対して世界中の人間は考え違いをしているのです。今の日本人はノアの洪水があったということさえも知らないのです。聖書を勉強しているごくわずかな人だけが知っている程度です。

その知り方は、ノアの洪水という事件はあったが、その時多くの人は滅んでしまった。ノアの家族だけは助かった。神がノアの家族を助けたことによって、もう一度人間社会が広がることを、神が認めたと考えているのです。これが根本的に間違っているのです。

神は、「私が創造した人を地のおもてからぬぐい去ろう。人も獣も、這うものも、空の鳥までも。私はこれらを造ったことを悔いる」と言われたのです（創世記6・7）。

洪水の時に、神が造った人間は全部滅ぼしてしまったのです。今の人間は悪魔が造った人間ばかりです。現在の人間は悪魔が造ったイマジネーションを持っているのです。自分が生きているという考えです。自分自身の立場から利害得失を判断するという考え方は、悪魔が発明した思想です。

これは自分自身の存在を聖なるものとしている考え方です。自分の存在を聖域としているのです。

人間は自分というものが絶対的に存在するものだと思っている。だから自分のことをかれこれと干渉されたくないのです。自分の霊魂のことは、絶対にかれこれと言われたくない。たとえ夫婦でも霊魂のことを、かれこれと干渉してもらいたくないと思っている。これは自分の霊魂を聖域だと思っているからです。

霊魂と言っても本当の霊魂ではなくて、自我意識で見た霊魂を聖域だと思っているのです。だから、自分の霊魂のことは自分で考えるから、かれこれ言われたくないと考えるのです。まして聖書のことを言われても、聖書は勝手に述べてるだけであって、それによって自分が支配されることは、甚だ好ましくないと考えるのです。

これは自分が聖域になっているからです。こういう思想を悪魔が発明したのです。自分という聖域を悪魔が造り上げたのです。善であっても悪であっても、自分がそれを決めると考えるのです。

自分に干渉されたくないのに、人には大いに干渉したいのです。この意識が自我意識です。聖書はこれを「神のごとくなりて善悪を知る」と書いているのです（創世記3・5）。

神のごとくは聖なるもののごとくということです。神が善悪利害を判断しても、神の判断には従いたくはないのです。自分の判断に神が従ってもらいたいと考えるのです。これが悪魔の思想です。そこで、人間の尊厳は地球よりも重いという理屈が出てくるのです。地球が存在することよりも、万物が存在することよりも、人間が存在することの方がもっと尊いと考える。

なぜなら自分は聖域だからです。

悪魔が自分自身の考えを聖域としたのはどうしてなのか。悪魔は自分の考えを合理的に考えたのです。ところが合理的と言っても、正当な合理性と不当な合理性があるのです。白の合理性と黒の合理性とがあるのです。

悪魔が聖域を造ったのは、合理性があったからに違いないのです。その合理性はどんな合理性であったのか。悪魔の場合、ある程度言い分が通ったのです。もし言い分が全然通らなかったら、悪魔は考えなかったはずです。

なぜ悪魔の言い分が通ったのか。それは彼が天使長だったからです。

「神は初めに天と地を造った」とあります（創世記1・1）。神は天と地を造ったのですが、それは悪魔の反逆が始まったからです。悪魔の反逆の兆候が見えた。そこで、神はすぐに天と地を造ったのです。まだ万物を造る前です。

問題は悪魔の内に反逆が始まったのですが、なぜ始まったのかということです。悪魔が自分を中心にして見るという悪魔独特の思想を発明した。自分の立場を中心にして、善悪を考えるという独特の思想を発明したのです。これが自我意識です。

悪魔は自分の立場から善悪を判断することが、最も合理的であると考えた。最も正当であるとは考えなかったかもしれないが、最も合理的であると考えたのです。

正当であることと合理的であることとは違います。合理的であるというのは、自分にとって都合の良いことです。正当であるというのは、自分にとってということではなくて、天地自然の立場から正しいか正しくないかということです。悪魔は合理的の方を考えたのです。それは悪魔が最もよく神を知っていたからです。悪魔は天使長であったために、最もよく神を知っていた。そして、自分自身が悪を行っているとは思わなかったのです。

最初悪魔は悪人ではなかった。天使長であった。神の山において光り輝くものであった。これがルシファーでした。

光り輝くものであったために、神を十分知っていた。そこで、神を十分に知っていることを基準にして、自分という意識を造ったのです。そこで、神と同じものがもう一つできたのです。これが悪魔性です。

聖書を勉強している人は特別に気を付けなければいけないのです。特別に鳩の如く柔和、蛇の如く聰くでなければならないのです。

蛇の如く聰いとはどういうことかと言いますと、神をよく知っているということです。聖なるものをよく知っているのです。霊なることを最も鋭く見分ける力を言うのです。

エデンの園にいたサーペントはスネークとは違います。スネークの本性がサーペントです。スネークはサーペントの性質、性格を形において現わしたものです。

サーペントは非常にずる賢いのです。なぜずる賢いのかと言いますと、神をよく知っているからです。聖書を勉強している人は、本当に注意しなければならないのです。神が分かれば分かるほど、自分自身に警戒しなければならないのです。鳩のように柔和でなければならないのです。

エデンの園にいたサーペントは自信満々でした。神をよく知っていたのです。神が考えることの裏を考えたのです。神がアダムに命令した善悪の実を食べたら必ず死ぬと言ったことを、裏返したのです。

自分の立場に立って考えたら神の掟を裏返すことになるのです。これが逆性です。

悪魔は最も神をよく知っていた。自分の立場で知っていたのです。神の立場で神を知っていたのがキリストです。

イエスは初めからキリストになったのではなくて、最初はナザレ村の大工でした。ところが、自分は神をよく知っているから神に仕えるのだと思った。そこでキリストとされたのです。

悪魔は神をよく知っているから神に仕えないと考えた。ここが違うのです。蛇の如く聰く、鳩の如く柔和というのはこれを言うのです。そこで蛇の如く神を知っていて、悪魔以上に神を知っていて、柔和謙遜になれば、本当のキリストの花嫁になれるのです。

蛇の如く賢いと言いますが、賢いというのは神を怖れることです。神を賢こむ人は勝手に賢くなれるのです。

蛇が賢いというのは、神をよく知っていたということです。ただそれを自分なりに応用したのです。そして、自分自身の聖域を造ってしまったのです。神の如く聖なるものとして自分を認めたのです。

今の人間は全部それをしています。全世界の人間がそれをしているのです。これはノアの洪水の時に始まったのです。

「すべてその心に思いはかることが、いつも悪いことばかりであることを見られた」とあります（創世記6・5）。人間が現在持っている人間の思い、人間のハートから出るイマジネーションが間違っているのです。

人間の思想から湧いて出る人間像、人間の世界観、価値観、人生観というイマジネーションが、根本から間違っているのです。獣と同じ次元のイマジネーションです。

現在の人間は肉の人間であって、動物と肉の人間とは同じものになっているのです。おまえたち人間と、肉なる獣とをひっくるめて、虹の契約を与えると言っているのです。

ホモ・サピエンスという学名によって捉えられている人間は、肉体人間を指しているのです。肉性動物と同じように神に見られている人間です。現在の文明で人間と考えられている者は、例外なく肉なる人間のことです。ホモという動物人間のことです。

ホモは肉体人間です。動物人間です。動物人間の立場から考えるというのが、現在の人間の魂の状態です。人間の魂が自我意識を押し付けられて、その思いの中に閉じ込められてしまっているのです。おかしいと思いながら、自分の自我意識の中に立てこもっている。自尊心とか利害得失、自分の立場を捨てようとしない。それを捨てていない人は動物人間です。

魂が自分の肉の思いに取りつかれてしまっているのです。肉の思いというのは恐るべき宗教です。悪魔を信じる宗教です。悪魔と同じ意識になって生きている。悪魔に同化している意識です。これが現在の世の中の知識、常識です。

現在の人間の恐るべき知識、常識は恐るべき宗教です。それに人間は皆騙されているのです。これは死の宗教です。死そのものを生きていること、死んでいることを理想とする宗教です。神に反抗することを理想とする宗教です。

自分自身の存在を聖域と考えている。自分の考え、自分の気持ちを捨てたくないとの思いで、とことん頑張っているのです。これが恐るべき地獄宗教です。これを今の人間が信じているのです。

自分が生まれたという事実はありません。ところが、自分がいると考えている。こんなばかなことはない。自分以外の人間なら自分が生まれたことを知っているでしょう。それは自分とは違うのです。自分以外の人間です。

自分自身は、自分が生まれたという事実を知りません。だから、自分が生まれたという事実はないのです。それにも係わらずに自分が生まれたと考えるのは、悪魔と同じ考えです。

悪魔にしても自分自身が生まれたのではない。神に造られたから天使長になったのです。神に位を与えられたから、天使長になったのです。

悪魔は自分で天使長になりたいと思ったのではありません。もちろん自分で天使長になったのでもない。ルシファーというのは、輝くものというすばらしい名前です。輝くものとなったのは、自分でなったのではなくて、神にそうしてもらったのです。

悪魔は自分自身がルシファーであると考えた。そう考える権利がどこにあったのだろうか。彼は神に立てられてそうなったのです。そこで、悪魔は自我意識という宇宙の逆性を造り上げたのです。

人間の自我意識は根本的に不合理です。そんなものがあるはずがないのです。だから、大いに神を知って、蛇の如く聰くなるのはいいが、絶対に鳩のように柔和になれと言っているのです。神を知れば知るほど、いよいよ素直になれと言っているのです。

人間は今生きているつもりです。これは命が生きているのではなくて、思いが生きているのです。自分自身の生理現象は、自分が見ている生理現象であって、本当の生理現象ではないのです。

呼吸機能は人間が認識している機能であって、本当の機能とは違います。人間が認識しているという条件が付くのです。人間が認識しているというのは、肉の思いで考えているということなのです。

どんな学問でも皆死んでいる人間が考えているものです。人間が考えている合理性は、人間が考えている合理性であって、神から見れば死んでいる合理性です。人間の腹の中にある自我意識は、神に反抗する自我意識ばかりです。

自分の人生を全部神に任すことができないというのは、神に反抗している証拠です。鳩のように素直と言いますが、鳩は飼主にまず反抗しません。ところが、人間の自我意識は神に反抗ばかりしているのです。そこで、人生に矛盾が発生するのです。

鳩のように柔和になると、心に神の平和が与えられるのです。人間の平和とは違います。人間の不平不満は死の経験です。それは黄泉の経験です。黙って神に従っていけば、本当の平安が必ず分かるのです。

17. リビングゴッド

聖書に次のようにあります。

「この後、私は四人の御使が地の四すみに立っているのを見た。彼らは地の四方の風をひき止めて、地にも海にもすべての木にも、吹き付けられないようにしていた。

また、もうひとりの御使が、生ける神の印を持って、日の出る方から上ってくるのを見た。彼は地と海とをそこなう権威を授かっている四人の御使に向かって、大声で叫んで言った。『私たちが神の僕らの額に、私たちが印を押してしまうまでは、地と海と木とをそこなってはならない』」（ヨハネの黙示録7・1〜3）。

一節に書かれているのは、ヤコブの悩み（艱難時代）をこの地上に来たらせるための四人の御使だろうと思います。

風をひき止めるということは、地球の生命現象をストップさせるということです。これは生物の生命現象をストップさせるという意味ではなくて、地球に命の気配が流れることをとどめてしまうということです。永遠の生命を学ぶという風潮を消してしまうということです。

現在、永遠の生命を勉強しませんかと呼びかけても、ほとんどの人は関心を持ちません。そういう勉強をする人を変人扱いにしているのです。文明思想によって、そういう勉強をしない、させない風潮が世界中に行き渡っているのです。これが風をひき止めているということです。

やがて、命の気配が完全にストップする時が来るでしょう。艱難時代は災いを来たらせる時であって、イスラエルの歴世歴代の不信仰に対して、神が容赦なくぶん殴ることになるのです。人間の歴史そのものを殺してしまうのです。

神が人間を殺すだけでなくて、歴史を殺してしまうのです。これが風をひき止めるという形容詞になっているのです。

その前に、ちょっと待った。風をひき止めてはいけない。今しばらく風を吹かしておかなければいけないと、大声で叫ぶ人が現われるのです。イスラエルの額に神の印が押されるまで、神の自身の御名がしるされるまでは風を止めてはいけないと大声で叫ぶのです。

それをするのが、日の出る方から上ってくる天使、サンライジングから来る天使です。皆様はそれに該当して頂きたいのです。ところが、現在の所、皆様は宗教観念、自我意識ばかりでとてもだめです。


神はアダムに言っています。

「あなたは、顔に汗して糧を得、あなたは土に帰る。あなたは土から取られたのだからついに土に帰る。ちりだからちりに帰る」(創世記3・19)。

土の方は土から出たとありますが、ちりは出たと書いていない。これが意味深長です。人間の額が魂です。額に汗するというのは、魂に汗をすることです。

額は思考方式の源泉です。ここに汗をするのです。こういう経験をすると、福音が心の底まで分かってくるのです。

「額に汗して土に帰れ」と言っています。

会社で働いているのはその人の顔です。額に汗をかくというのは、魂に汗をかくということです。額とか顔という言葉が使ってあるのは魂を意味するのです。魂に汗をかくことができるような待遇を、神から与えられる人は非常に少ないのです。こういう経験をする人は指導者になれると思います。

土から出たから土に帰れというのは肉体を指しているのです。ちりだからちりに帰れというのは、魂に対して言っているのです。土の人間と魂の人と二通りのことを言っているのです。

魂として見ればちりです。

「あなたは人をちりに帰らせて言われます。『人の子よ、帰れ』と」あります（詩篇90・3）。人をちりに帰らせてから人の子よ帰れと言っています。ちりに帰るということが非常に重要です。

つまりどんなことを言われても、どんなに小突き回されても、絶対に服従し、絶対について行ける人だけがちりに帰った人です。これは神に対してピュアーハート（pure heart）を持っていれば、誰でもできることです。

神に対して慎みを持つことです。神を相手に生活するのです。理屈で聖書の勉強をしていて、霊、魂で勉強していない。だから宗教観念になってしまうのです。

パウロは言っています。

「このように、あなたがたはキリストと共に甦らされたのだから、上にあるものを求めなさい」(コロサイ人への手紙3・1)。この共にというのはtogether withとなっているのです。これは非常に強い意味です。

三節には、「あなたがたはすでに死んだものであって、あなたがたのいのちは、キリストと共に神のうちに隠されているのである」とありますが、この共はwithだけです。togerther withはwithと違って非常に強い意味があるのです。

イエスがキリストとされたことは、全人類に対して神が断固たる処置を敢行したのです。断行したのです。ですから、キリストに対してなされたことは、全部神的事実です。

皆様は言葉としてはお聞きになるでしょう。しかし、本当に信じていないのです。これはすべてpure heartではないからです。清い心ではないのです。本当に塵灰に伏して、神に祈ることになりますと、面子も自尊心もなくなってしまうのです。

人間は大体、不正直です。御名を崇めるということが分かっていないのです。神がキリストに対して処置したことは、全世界の人間に対して処置したのです。

つまりキリストと共に甦らされた。今生きているのはキリストと共に生かされているのです。

キリストによってでなければ、生かされていないのです。ところが、皆様は固有名詞の人間で生きている。この世の習わしに従って生きているのが当たり前だと思っている。キリストと共に生きないで、日本人と共に生きている。これがいけないのです。

とにかくこの世離れした人間になることです。自分の境遇とか、自分の事情があると思うのが間違っているのです。キリストと共に甦らされた人間に、自分の事情があるのでしょうか。

精神（マインド）をやり直せと言っているのです。問題はマインドです。マインドで信じる信仰ではだめです。ハートで信じる信仰でなければいけないのです。ハートで信じて義とされる信仰でなければいけないのです。

キリストの福音は、人の心未だ思わざることです。これを受け取るにはどうしたらいいのか。大体、今の人間はハートを持っていないのです。ハートを持っていてもハートとしての役割を果たさなくなっている。ですから、現在のような無秩序で混乱した社会状勢になってしまったのです。

皆様はこうした社会状勢になじみすぎているのです。なじみすぎていて、この世の習わしがそんなに悪いものだとは思えないほど、ハートが歪められているのです。毒されているのです。だから、神を素直に信じることができないのです。

どうしたらいいのか。御霊と相撲を取って開かれるしかないのです。

神はイスラエルの不信仰によって、契約の民でさえも切ってしまった。本木の橄欖を切ってしまった。そうすると、異邦人はどうなるのか。「本木の橄欖さえも惜しまなかった神は容赦すると思うのか」とパウロは言っています。これをよく考えなければいけないのです。

日出る方から上ってくる御使いは、生ける神の印を持っている。生ける神の印とは、ザ・シール・オブ・ザ・リビング・ゴッド（the seal of the living God）です。どんなシールなのか。これをしっかり持っていなければ、日出る所の天使とは言えないのです。

シールはただの印鑑ではない。印鑑よりもっと有機的で活動的なものです。日本の印鑑は全く記号みたいなものですけれど、シールは記号や信号だけではなくてある働きを持つものです。そういう内容を持っているのです。

例えば、神がカインに印を与えたようなものです（創世記4・15）。殺人者であった彼は、ホモ・ファーベルの社会へ乗り込んで行って、その村の村長になったのです。印が物を言ったのです。

神のシールとは何か。生きているということ自体が神のシールです。これは神がシールになって現われているという意味にもなるのです。生きている神のシールですから、生きている神がシールであると考えられるのです。

そうすると、リビングということがどういう内容を持っているのか。リビングが神であるとすると、生ける神とはどういう意味なのか。

現代文明に向って、リビングゴッドのシールを具体的にぶつけていく信仰でなかったらだめです。だから、神が生きているという印をしっかり身に付けることです。単なる感覚だけでなくて、意識としてこれを身に付けるのです。

意識として活用できていない人は、理論的に突っ込まれると答えられなくなるのです。意識が生活になってマスターできますと、どんな角度から、どんな風に応用問題を出されても、即座にどんどん答えられるのです。神の国は、言葉ではなくて力だということが証明されるのです。言葉が力となって働くのです。力が言葉として働くのです。力と言葉は同じです。例えば復活の後に、イエスがエマオの途上で数人の人に会われた時に、イエスの言葉に力があったと言っています（ルカによる福音書24・19）。

言葉に力がなければいけないのです。単なる論理が分かっていてもだめです。言葉に力があれば無言の説明になるのです。言葉に力があれば、人の魂に楔を打ち込むことができるのです。これが世界伝道へのやり方です。

論理的に言いくるめるような巧みさがなくてもいいのです。素朴で、大胆で、力があればいいのです。そうすると、イスラエルに響くからです。

未だかつて日本に現われたことがないような人間になってもらいたいのです。神の命をそのまま力で前へ押し出すのです。これがリビングゴッドのシールです。

実生活において、自分自身のリビングにおいて、神のシールが明確に感受できるような人間でなかったらいけないのです。のびのびとしたらいいのです。

幼子になるのです。幼子になったら、単刀直入に神の命を証できるのです。命の証をするのです。命を言葉で証することができるようになれば、場合によっては力によってすることができるでしょう。命の力になって現われることもあるでしょう。

病気ぐらいはどんどん治せるかもしれないのです。しかし、これが目的ではないのです。命の言葉を伝えるのが目的です。もしイエスのように病気をどんどん治せるようになったら、人々が山のように集まるでしょう。そうしたら、マスコミの大評判になってたちまち有名人になりますが、命の言葉が飛んでしまいますから、神はそうさせないでしょう。

問題は生ける神のシールです。リビングゴッドのシールです。これを持たなければいけないのです。ですから、生活においても、リビングゴッドのシールということを心得て生活することです。これが自分の生活のペースだということを考えて生活するのです。

皆様は生ける神の代理者として、日本を窓口にして世界の文明と対決するのです。目が見えること、耳が聞こえることが、そのままリビングゴッドです。リビングという言葉が付け加えられていることは、単なるゴッドではないということです。

リビングゴッドと単なるゴッドとどう違うのかと言いますと、ゴッドというのは概念的です。論理的です。リビングゴッドになりますと、生活的、生態的、実体的になるのです。リビングという事実がそのまま神です。リビングは神に決まっています。神の他にリビングはないのです。

そこで、まず第一に精算しなければならないことは、生きているのは当たり前だという気持ちです。自分自身の中にそういう意識があることを、厳しく咎めなければいけないのです。将棋の場合ですが、高段者が金や銀を一手指し間違えると、その指し間違いを咎めると言います。

皆様は今まで異邦人の真ん中で生きていて、この世の習わしがそのまま自分の生活意識になっているのです。このことを深く深く自分の身にとめて考えなければならないのです。異邦人の習わしが自分の生活意識になっていた。現世の日本社会における教育、常識、信念が、そのまま自分自身の生き方の基礎になっていたという点です。

これを咎めるのです。この大人の意識を痛撃するのです。これができなければ、絶対にpure heartを持つことができないのです。

自分の中にある大人意識を毎日叱るのです。病気になったらすぐに死ぬのではないかと思うのですが、それがいけないのです。これが大人根性です。これを厳しく咎めなければいけないのです。

生ける神の印は、生活の中で体当たりで掴まえなければいけないのです。生ける神の印は、自分で掴まえなければいけないのです。生ける神を自分の命にするのであって、生ける神のシールがある以上、死を考えることは許されないのです。

生ける神のシールを持っている者は、死を考えたらいけないのです。それは、生ける神を冒涜しているのです。そのように、厳しく自分自身の大人のど根性を咎めるのです。

神が相手にしていない自分を相手にすることは、自分の魂が神を軽蔑していることになるのです。いつも生ける神の印を持っているという感覚で生きるのです。生ける神だけを問題にするのです。イエスが生きていたのと同じ生き方をするのです。そうして、自分を叱るのです。これが己が命を憎むことになるのです。

自分の命を毎日憎むのです。これは大人ではできないことです。日本人としての大人根性が悪いのです。大人根性が邪悪そのものです。アダルト(adult)の根性がアダルタラス(adulterous)になるのです。邪悪、姦悪です。

アダルトがいけないのです。いつでも幼子の感覚を持つのです。意識的にそうするのです。現世のことに対しては疎い人間になるのです。これでいいのです。

これがピュアーハートになる第一条件です。これがなければピュアーハートには絶対になれないのです。生ける神のシールをしっかり持ち続けることがピュアーハートであって、これが神を見ることになるのです。

イエスは言っています。

「心の清い人たちはさいわいである。彼らは神を見るであろう」(マタイによる福音書5・8)。

ハートとマインドの関係がどうなるかです。

直感したことを、自分自身の意識に取り入れるということが必要です。ところが神から与えられている恵みを、素直に自分のものとしないで、現世のことに紛らわされてしまうことになるのです。神を無視するのです。とこしえの命を無視するのです。これが傲慢です。これをしなくなると、その魂はどんどん伸びていくのです。

現象をマインドで見るのと、ハートで見るのとではどう違うかということです。マインドで見た現象と、ハートで見た現象とは違います。現在皆様はこれを経験しているのです。目の働きと耳の働きをマインドで受け取るのと、ハートで見るのとでは違ってくるのです。現象に対する価値観が莫大な違いになってくるのです。

マインドかハートかというのは、世界観の問題になってくるのです。世界観の組み立て方によって価値観が違ってくるのです。

とにかく異邦人が聖書の真理、神の約束の真理を勉強するということは本当に有難いことです。約束はとんでもないことです。約束に従ってこの地球を見ると、全く違ったものになるのです。自分が現在生きているのも、全然違ったものになってしまうのです。これは生きるか死ぬかの問題です。ですから、今までの経験を全部捨てて頂きたい。捨てなかったらだめです。

イエスやパウロに対して、新しく発見や発明をしなければいけないのです。発明はエジソンやワットの専売特許ではありません。イエスやパウロの心境について、発明という言葉を使うのが本来の意味です。

エジソンの発明は本当の発明とは言えません。ただ工夫しただけです。発明というのは全く未知なるもの、自分自身から見て完全に未知であるものが開かれることが、発明です。未知なるものが明らかにされる。自分の中に光が差し込んでくることが発明です。今の世界とは全然違う所へ入っていくのです。

私たちが聖書を学ぶということは、神の国を学ぶということです。今の世界とは全然違う所へ入っていくのです。


今、目の前に花が咲いているとします。花が咲いているという世界があるのです。花は咲いているという世界を証しているのです。咲くということによって、花が咲く世界があることを示しているのです。これが神の国です。神が花を咲かせているのです。

イエスは野のユリを見よと言っています。ユリが谷間に咲いているという事実があります。これが神の国です。

私たちはそれを見ています。見ているがその世界へ入っていくことができない。だから、死んでしまうのです。とこしえの命というのは、ユリが咲いている世界へどんどん入っていくことです。これが神の国に入ることです。

空が青い。若葉の緑が美しいという自然現象は全部神の国です。この自然現象という膨大なものを、キリストの言葉と言うのです。これを人間は聞いていないのです。

理屈は知っているが聞いていないのです。森羅万象はキリストの言葉であるという理屈は知っているのですが、そのキリストの言葉に、皆様の魂が聞き従っているかどうかが問題です。

ハートは聞き従うのです。アジサイの花が咲いているという事実に聞き従うのです。ハートは咲いているという事がらに服従するのです。これが赤ん坊の状態です。

赤ん坊の状態はピュアーハートです。だから、赤ん坊は花が咲いているということに聞き従うのです。その世界へ入っていくのです。

大人は入らないのです。アジサイの花が咲いているとします。これはアジサイの花だと思うのです。神の国が実際にありながらそれを知らないのです。それを見ているが知らないのです。見るというのはマインドの働きです。知るというのはハートの働きです。知るというのはギノスコー（具体的に一つになる）しているのです。花をギノスコーするのです。

花が咲いているという事がらは霊なることです。神の国です。イエスは「野のユリを見よ、空の鳥を見よ」と言っているのです。空の鳥が神に養われているという事がらが神の国です。そこでイスラエルに向って、「汝らまず神の国と神の義を求めよ」と言っているのです。

まず神の国を求めよと言っているのですが、マインドで生きている者は絶対に神の国に入れないのです。神の国を認めはしますが、入れないのです。

古き人、固有名詞の人間は神の国へ入れないのです。花が咲いている世界へ入れないのは、固有名詞で生きているからです。

花が咲くのは、約束に従って咲いているのです。約束がなかったら絶対に咲かないのです。ユリが神の約束を証しているのです。

「空の鳥を見よ」とは、神の約束の一端を、空の鳥を養うという状態で神が見せているのです。神の国へはハートなら入れるのです。赤ん坊なら入れるのです。大人はできないのです。固有名詞を認識しているからです。

固有名詞の自分が自分だと思い込んでいるから入れないのです。固有名詞の自分は悪魔が化けている自分です。悪魔が化けている自分を自分だと思い込んでいるから、花の中へ入れないのです。

私たちは毎日お米を食べます。お米の味、餅の味は神の国です。しかし、味の世界へ入って行けないのです。味わっていながら味の世界へ入って行けない。だから命がない。そういう人間は死んでしまうのです。ですから、餅を食べていながら、食べていないことになるのです。花を見ていながら、花を見ていないことになるのです。

これに対してイエスは「汝ら、まず神の国を求めよ」と、言っています。神の国を求めることが約束だから、この中へしっかり入ってしまわなければ命は保障されないのです。水と霊から新に生まれて、神の国に入ってしまわなければいけないのです。

現象の形態を見て、それを論理的に認識する。いわゆる自然科学的な受けとめ方、理知的な受けとめ方をするのは、全部マインドです。これは肉です。形を見ているがその実質を見ていないのです。つまり観世音ではないのです。

観自在、観世音というのは、物の本質を見ることです。物の本質が波羅蜜多です。花が咲いていることが波羅蜜多です。この中へ入って、花が咲いていることを経験することが般若波羅蜜多です。

般若ということが実は本当のハートです。般若という言葉がハートです。上智と言わずにハートと言えばいいのです。人間の純粋なハートは般若です。この般若は波羅蜜多を得意とするのです。

人間のハートは彼岸に入ることが大好きです。実は人間のハートは彼岸でなければ満足しないのです。そういう特性を持っているのです。

宗教ではない般若心経とは何か。般若波羅蜜多を実体的に経験することです。人々にこれを与えるのです。般若波羅蜜多の実体を人々に与えるのです。観自在を見たければ私を見なさいと言えるようにならなければいけないのです。

現象意識とは何か。これは人間が造ったものとは違います。花が赤い、若葉が青く見えるのは人間自身の意識とは違います。実は神の意識です。神の意識が人間に与えられているのです。そういう意識が人間に預けられているのです。それを人間が自分の意識、自分の感覚で用いるから、マインドになってしまうのです。肉になってしまうのです。現象意識を霊で用いたらいいのです。

現象意識が悪いのではない。現象意識は肉の思いとは違うのです。般若心経は現象意識を憎んだと言っている。これが般若心経の間違いです。

無限耳鼻舌身意と言っている。これが間違いです。だから、般若心経の良い点と悪い点とを分けて見なければいけないのです。これは良い、これは悪いと言わなければいけないのです。

目もない、耳もないと言っても現にあるのです。これをどう見るかです。目に見える形のとおりのものがあると考える。これは現象意識ではなくて、肉性意識です。肉性意識と現象意識は違うものです。本当の現象意識は神が人間に植えたものであって、これは霊なるものです。

花を見てください。肉性意識で見ないで、本当の現象意識で見るのです。そうすると、赤ん坊が花を見ているような見方ができるのです。

この世に何十年間か生きてきたという経験を消してしまって、本当に幼子になって花をご覧下さい。どうして見るかです。

神が人間に現象意識を与えたのは、現象を見るためではない。イエスは現象を見るために現象意識を用いているのではありません。

イエスは言っています。「人はパンだけで生きるものではなく、神の口から出る一つひとつの言《ことば》で生きるものである」(マタイによる福音書4・4)。これをよく考えて頂きたいのです。霊の世界には二つの見方があるのではありません。一つの見方で集約するのが、神の約束の根本原理です。これが信仰の根本原理です。

固有名詞の人間があり、霊なる人間もあるという見方がいけないのです。人間は二律背反の世界に長く住みすぎているのです。二十年も三十年も、長い人は七十年も八十年も、この世に生きていたので、二律背反で考えるのが当たり前になっているのです。

キリストの十字架の勉強をして、信じていながらなお十字架を信じなくても生きていけると思っているのです。そんな愚鈍な考えはやめることです。もっともっと古き人（現世人間の肉の考え）と葛藤しなければいけないのです。パウロが私は拳闘していると言っています。空を打つような拳闘はしない。二律背反の自分をやめるのです。肉なら肉、霊なら霊と決めてしまうのです。

人間の肉体生活と霊的な信仰生活とは別でなければならないというのが、異邦人の考えです。実は肉的生活がなければ霊的生活はないのです。霊的生活のために肉的生活があるのです。肉的生活は霊的生活のために統合解消されるべきものです。

現象意識は現象を意識するためではなくて、現象の実体を認識するためのものです。そのために、まず神は現象意識を与えたのです。肉の下に売ったのです（ローマ人への手紙7・14）。現象意識を与えておいて肉の下に売ったのです。そこで肉の下に売られた人間は、死ぬことが嫌だと言い出したのです。死ぬことが嫌なら、神の国と神の義を求めればいいのです。神の国と神の義を求めさえすれば、現象的に生きていることは間違っていないのです。ここから進んでいけばいいのです。現象的に生きているからこそ、神の国が分かるのです。

これが分かれば、神が現象意識を与えた意味が分かるのです。霊の思いで現象意識を用いるのです。これをイエスは、「恐れるな、ただ信ぜよ」と言っているのです。辛子種一粒の信仰があるなら、宇宙の真理が分かるのだと言っているのです。

この世に生きている自分を認めることは、福音を認めていないのです。あなた方は命の言葉を保ち、光のように輝く存在にならないといけないのです。

現象がなければ、神が自らの命を現わしていることが分かりません。神は自らを現象として現わしているのです。従って、現象を受けとめる意識がなかったら、神を受けとめることができないのです。だから、神は人間に現象意識を与えているのです。

現象意識を神に従って用いるのです。地球ができたのは神の約束によるのです。現象をよく見なければ神は分からない。だから、人間に現象意識を与えたのですが、それを悪魔に横取りされたのです。自分の肉の思いによって、現象意識を用いることを余儀なくされてしまった。これが罪の下に売られたことです。

それから自我意識とは何かということです。古代メソポタミア文明、古代エジプト文明に、多くの彫刻が残っています。

エジプトでなぜピラミッドを造ったかです。私はエジプトを二回訪れて、数々の遺跡をつぶさに見てきました。古代エジプト人はなぜそういうものを残したのでしょうか。

時間的な存在を空間的に残しておく。それを、永遠の存在にしたいという気持ちがあったのです。これらが造られたのは、紀元前二千八百年から二千三百年くらいの頃になりますから、今から五千年も前のことです。

これはイスラエルの歴史で言いますと、ダビデ王朝の少しあとです。ソロモン王朝が滅んだ時くらいになります。それくらい古い時代です。

古代の彫刻には女の彫刻が非常に多いのですが、なぜ女の彫刻が多いのかということです。時間的存在である人間が、空間的に像を刻んだのはなぜか。これは永遠的に命を残しておきたいからでしょう。特に女の彫刻を多く残しておく。これはどういうことか。人間はこうせざるを得ない本性を持っているのです。

石に刻んだ永遠の生命という命題です。女のボディーがどうして永遠の生命を現わすかです。古代エジプト人が石に彫刻して永遠の生命を現わそうとした。これと同じ気持ちが今の人間にもあるのです。これはどういうことかです。

本能という言葉と官能という言葉があります。これがどのように違うかです。現代人はこういう言葉に正確な認識が持てなくなっているのです。五千年前のエジプト人の方が、直感性がはるかに鋭かったのです。

どうして現代人はこんなにばかになってしまったのか。現代人の意識は全く愚劣極まりないものです。現代教育が間違っているのです。人間を滅ぼすのが教育になっているのです。

教育という名によって人間を洗脳してしまった。人間を完全に欠陥があるものにしてしまったのです。人類はユダヤ人のトリックによって完全にばかになってしまったのです。

人間の教育という愚劣な概念によって、イエスがキリストであることを信じなくてもいいという風潮を全世界に瀰漫させたのです。

これがユダヤ教育の根幹です。イエスがキリストでなくても世界が治っていくという、愚劣下等な概念を造るためには、教育というテクニックが必要になってくるのです。

皆様はこういう世界に住んでいるのですから、リビングゴッドを持つ人間になるというのは大変なことです。もう少し素直な人間になって頂きたい。自分の間違いを間違いと、はっきりと認められるような人間になることです。

今の人間には素直さがないのです。ギリシャ時代の彫刻にはピュアーハートが若干見られるのです。現在の文明には哲学が見られません。形式ばかりになっているのです。

教育というテクニックによって近代文明が成立しているのです。そうして、子供が親を殴るという状態になってしまったのです。

人間が考えると、考えたことと反対になって現われるに決まっているのです。学ぶつもりでいる人間が、だんだん獣的になっていくのです。

理性というものと肉体とは、根本的に異次元のものです。元来、理性が肉体を持つことはあり得ないし、肉体が理性を持つこともあり得ないのです。

肉体というのは人間の肉の思いによる肉体ということで、本当の肉体とは違いますが、これが理性を持つことはあり得ないのです。

理性は霊的なものです。神的なものです。ところが、それが肉体を持っている。これは神がわざと仕向けているのであって、そういう矛盾を人間に与えているのです。

こういう矛盾を人間に突き付けているのです。この絶対矛盾に気付かざるを得ないように仕向けているのです。ところが、この矛盾を矛盾ではないように言いくるめているのが現代文明です。肉体を持っている理性的な人間が存在していることが、おかしくないということを理論的に言いくるめているのです。神を言いくるめているのです。

悪魔が悪魔的な弁論によって、神を言いくるめようとしているのです。神が提出している疑問をごまかしているのです。

ペテロは、「洗礼の目的は体の汚れを除くことではなく、明らかな良心を神に願い求めることだ」と言っていますが（ペテロの第一の手紙1・21）、こういう高尚遠大な考えは、現代の文明には全然ありません。

良き良心を今の人間は知りません。理性というものの存在自体を今の人間は信じていないのです。そういう哀れな状態になっているのです。ユダヤ人によってそうさせられているのです。私たちはそれに向って反撃を加えようとしているのであって、よほど大きく強い気持ちを持たなければできないのです。現代文明に対する決定的な反撃です。これをしなければならないのです。

現在の状態で生きていることが地獄に生きていることになるのです。地震、洪水、異常気象が頻発し、鳥インフルエンザ、口蹄疫、ガン、心臓病、糖尿病、風邪が頻発、倒産、不況が人々を苦しめている。これは地獄の様相をそのまま示しているのです。

人間は時間的な存在であるというのはどういうことなのか。一体人間は時間的な存在なのでしょうか。七十年、八十年生きているのが、果たして時間的な存在なのでしょうか。確かに人間は時間的存在と言えるのです。

パウロは次のように述べています。

「兄弟たちよ。私はすでに捕らえたとは思っていない。ただこの一事を努めている。すなわち後のものを忘れ、前のものに向ってからだを伸ばしつつ、目標を目ざして走り、キリスト・イエスにおいて上に召して下さる神の賞与を得ようと努めているのである」(ピリピ人への手紙3・13、14)。

こういう感覚で見ると、初めて人間が時間的に生きているという意味が分かるのです。時間的に生きているのは何のためか。後ろのものを忘れ、前のものに向って体を伸ばすためです。これがパウロの心境です。こういう気持ちになれないでしょうか。

理性を持っているものが同時に肉体を持っているという矛盾を、パウロは体を伸ばすと言っているのです。体を伸ばすとは、神を求めるということです。

私たちの命はキリストと共に神の内に隠れているのです。キリストが分からなければ私たちの命は分からないのです。

永遠の命はキリストの内に隠れている命です。しかも、キリストと共に神の内に隠れているのです。これが本当の命です。今人間が生きているのは本当の命とは違います。これは生きているのではなくて、死んでいるのです。

現象感覚で生きていることが、死んでいることです。現象はないのですが、現象感覚はあります。しかし現象はないのです。

人間は現象に対する意識を神から与えられている。神は瞬間的に存在するものです。瞬間的に存在するからこそ、永遠なのです。

神は現前的のみに存在する。だから、永遠なのです。もし神が時間的に一億年とか百億年しか存在しなければ、永遠ではないのです。一億年とか百億年だけの神になり、偶像になってしまうのです。

神自身が瞬間ですから、現象が存在する訳がないのです。

人間が現世に生きているということが、嘘です。「汝らの命はキリストと共に神の内に隠れている」とありますから（コロサイ人への手紙3・3）、キリストが分からなかったら、自分の命は分かるはずがないのです。

生きているのは哺乳動物の人間です。神から見た人間の生き様とは違います。神から見た生き様というのは、キリストと共に神の内に隠されている命です。これが神が人間に与えようとしている命です。

今生きている人間は哺乳動物としての人間です。キリストと共に甦ったのが本当の人間です。そうしますと、旧約時代の人間は全部死んでいたのです。イエスが現われなかったら、甦りということは永久になかったのです。ただ死に続けていたのです。

旧約時代の人間は哺乳動物の人間であって、ノアの洪水の時に、人間と生き物とに虹の契約を与えると言っているのです。虹の契約の意味を理解できるのは人間だけです。生き物は虹の契約の意味がさっぱり分からないのです。しかし、これは人間と生き物全体とに与えた契約であって、虹の契約の意味をよく考えると、かろうじて分かるかもしれないのが人間です。

人間と生き物全体に虹の契約を与えた。だから、人間は完全に動物として扱われていたのです。現在のユダヤ人が見ている人間も、動物人間だけを見ているのです。これが文明を造っているのです。

動物人間というのは、神が見ている人間とは違います。神が見ているのは、キリストと共に神の内に隠されている命です。この命に気付く者、気付く可能性がある者を人間と称しているのです。これに気付かない者はただの哺乳動物です。

ところがかわいそうなことに、この哺乳動物は理性を持っているのです。理性の本来の意味は分からないけれどもあるのです。従って、神とは何かということを言うのです。理性の本来の意味は分からないけれどもあるのです。従って、神とは何かということを言うのです。彫刻を造ったり絵を描いたりするのです。これは理性を持っている証拠です。

今から五千年前の彫刻はノアの洪水直後の作品になるのです。洪水の千年後くらいの作品です。人間はこういう彫刻を造る能力を持っているのです。これは生物の人間であって、霊的存在ではありません。

人間が生きていること、また、生かされていることは霊的なことです。人間の官能の働きは霊的なものです。官とは仕事をすることです。働きの本質を言うのです。人間の能力を司るものです。

これは本具の自性という高いレベルの性能を言うのです。人間はちょっと見ただけで大体の見方が分かる。堅いか柔らかいかが分かるのです。人を見た瞬間に好きか嫌いかが分かるのです。だから、人間の働きはそのまま霊能です。これに基づいて人間は生きているのです。

人間が食べたり飲んだりしていることが霊なることです。霊なることというのはこの世のことではない。生まれてくる前のことを経験しているという意味です。肉というのは現世の人間社会のことを言うのです。

皆様は毎日霊なることを経験している。知っても知らなくても、皆様が生きている姿は神の子になっているのです。自分の好みに合った服を着ているとか、自分の好みの家に住み、好みの家具を置いている。そういう造形の中に住んでいるということが、人間自身の官能が霊的なものであることを示しているのです。

人間が生かされていることは明らかに霊的事実です。これをキリストと共にいると言うのです。皆様の目の働きがそのままキリストの働きを持っているのです。

キリストの働きは何かと言うと、神の代理者として万物を指導する働きを持っていることです。神に代わって万物（エホバの万軍）を指導するのです。その性能を持っている。

ですから、キリストと共に神の内に隠れているのは当たり前のことです。それに気付いた者はそのようになるのですが、それに気付かない者はどうなるのか。それだけの性能を持っていながら、それを自分のためだけに用いてしまった。それに対する懲罰を当然受けなければいけないのです。

まず皆様が救われなければ、どうしてイスラエルを救うことができるのでしょうか。皆様自身が目を覚まさなければ、イスラエルの目を覚ますことはできません。皆様の額にリビングゴッドの印が付けられなければ、イスラエルの額に生ける神の印を押すことができないのです。

まず皆様自身の額に、神の御名が印せられなければならないのです。性根を据えて勉強して頂きたいのです。人間の五官は、神にかたどりて造られた神の機能をそのまま持っているのです。その使い方を知らなければ、必ず地獄行きを命じられるのです。

人間存在が時間的存在であるとはどういう意味かと言いますと、未来的存在という意味です。現在、人間はただ生きているのではない。未来的に生きているのです。未来的存在であるから、未来の本質は何かを掴まえなければならないのです。

人間は未来という言葉を使いますけれど、未来とは何かを知らないのです。本当の未来は現象の中にあるのです。現象を捉えた者は未来を捉えることができるのです。

現象がなぜ未来になるのかと言いますと、現象の中には人間が見ていないものがたくさんあるのです。現象の中に永遠があるのです。それを人間は見ていないのです。

未来の本質は向こう岸（彼岸）を意味するのです。未経験を意味するのです。人間にとって神の国自体が未来になっているのです。

仏典に未来弥陀の浄土という言葉と、将来斯土の浄土と二つの言葉があります。未来という言葉は、実は現在を意味するのです。まだ見ていないというのは現在のことです。未来弥陀の浄土は現在のことになるのです。

信仰によって生活するという要領が分かりますと、その人自身が生きているその足の下が、神の国になるのです。神の国が目の前に開かれるのです。現前がそのまま神の国になってしまうのです。どうせ信じるなら、ここまで信じて頂きたいのです。

神の国を述べ伝えることが、イエスの伝道の唯一無二の目的でした。神の国をイスラエルに知らせる。神の国を彼らに見せてあげるのです。

神の国を述べ伝えることが、イエスが弟子たちを遣わした目的です。神の国が来たと言って回れと、イエスが弟子たちに命令したのです。

私たちは日本で神の国を伝えなければならないのです。実体的に神の国に生きているという気持ちの実感を伝えなければならないのです。現代文明に対立するのです。文明に向って挑戦するのです。そういう意気込みで向っていかなければならないのです。

神の国とは何か。何でもないことです。イエスがキリストであることが神の国です。神の安息が神の国です。神が自分の業をやめたように、私たちも自分の業をやめたらいいのです。この標準でなければ私たち自身も救われないのです。神の国が目の前にありますから、神の国に入ってしまわなければいけないのです。

パウロは言っています。

「神の見えない性質、すなわち、神の永遠の力と神性とは、天地創造このかた、被造物において知られていて、明らかに認められるからである。したがって、彼らには弁解の余地がない。なぜなら、彼らは神を知っていながら、神として崇めず、感謝もせず、却ってその思いはむなしくなり、その無知な心は暗くなったからである」（ローマ人への手紙1・20、21）。

無知な心を英訳でセンスレスハート（senseless heart）と言っています。センスがないハートです。今の人間のハートは皆センスレスになっているのです。センスレスハートというのは、神に感動できないハートです。

現在の人間が生きている場はこの世であって、必ず死ぬに違いな地獄にいるのです。ところが、罪に下に売られた自己存在に本当に気が付くと、それが変わってしまうのです。地獄であるものが極楽に変わってしまうのです。これが神の国です。

もう一度言いますと、私たちが今生かされていることが徹底的に地獄です。黄泉です。無知です。センスレスハートです。無感動で無感覚な愚か者です。それに本当に気が付いて、一切合切全部投げ出すと、それが激変して神の国になるのです。

自分を投げ出すことを神の前ではっきり言うのです。それも自分の腹の底からはっきり言えたら、そこが神の国になるのです。

固有名詞の人間はどこにもいないのです。大体、人間が生きているのは、五官の働きで生きています。固有名詞が仕事をしているのでもないし、食事をしているのでもない。ところが、人間は自分が勝手に働いて、勝手に食べていると思っているのです。

心理機能、生理機能が仕事をして食べているのです。人間は既に安息しているのです。それを自分が勝手に食べていると思っているのです。安息に入ると初めて神の民であったことが分かるのです。神の民はそのままエルサレムの住民です。自分が天のエルサレムの住民であるという自覚がぴったりしたらいいのです。

現象意識は現象を見るためのものではなくて、現象の実質を見るためにあるのです。現象の実体は神の国です。花が咲いていること、鳥が鳴いていることが神の国です。

鳥が鳴いていることは普通の人間の意識で分かります。ところが、鳥が鳴いていることが何であるかが分からないのです。そこで、聖霊の助けをどうしても願わなければならないのです。

すべての肉に注がれたのが聖霊です。この方に聞かなければ分からないのです。

パウロが言っているように、被造物において神の永遠の力と神性とが現われているのです。だから、人間が被造物を見ると永遠の力がすぐに分かるのです。例えば、この花は咲いてから大体一週間経過していることが分かるのです。

地球ができてから四十五億年になると言います。地球に永遠の力が働いています。実は地球が存在しているのは瞬間だけです。

現象世界は映画のアニメーションと同じことです。少しも変わらないのです。神が立体的にアニメーションを造っているのです。人間でさえもアニメーションを造るのですから、神がアニメーションを造るのは当たり前です。

地球に永遠の力が働いているのです。瞬間がそのまま永遠に見えるのです。地球は瞬間しか存在していない。しかし、それがアニメーションだから、永遠に存在するようにできているのです。

これが理論的に分かっただけではだめです。アニメーションを生活するのです。そうすると、全く変わってしまいます。自分の生活がアニメーションだと思うと、腹が立たないのです。欲望的に考える必要がないからです。物の見方が全く変わってしまいます。自分の欠点などというものを考えないのです。

物の本質が見えてくると、現象が幻であることが分かってくるのです。神はアブラハムに「私は全能の神である」と言っています。「汝わが前に歩みて全かれ」と言っています。これが清き心と良き良心とは何かということを教えているのです。わが前に歩みて全かれと、一言で教えているのです。

イエスは「生きて私を信じる者は死なない」と言っています。イエスを信じることが新約時代の基本です。私を信じる者は死んでも生きるというのが、旧約時代の人間に言われたことです。新約時代の私たちは生きてイエスを信じるのであって、死ぬべき自分から抜け出して、死なない自分に変わってしまうのです。

自分の本質が変わってしまうのです。新に生まれるのです。これを経験するのです。毎日、毎日これを経験するのです。経験を続けるのです。そうして、死と関係がない人間になるのです。そうすると、生きていること自体が、神の国になるのです。私が生きていることが神の国だと言えるようになることです。

神の国はあなたがたの中にあるとイエスが言ったように、私が死なないのだから、神の国を実験していることになるのです。こういうことが当たり前に言える人間になって頂きたいのです。そうでなければ、新約の信仰とは言えないのです。

ノアの洪水の後に地球と人間は全部幻になってしまったのです。虹になったのです。人間存在が虹になったということは、地球存在が虹になったということです。

神が地球を造ったのは、人間を造るためでした。何のために地球を造ったのかと言いますと、ルシファーの代わりに新しい天使長を立てるためです。そのためだけです。そのための道具としては、とても大きいものを神は造ったのです。

神はたった一人の人間を造るために地球を造った。それでいいのです。神はとても贅沢なことをしているのです。もう地球は必要がありません。一人の人間さえできたらいいのです。それが神の初めからの目的です。そういう人間がいなくなったので、地球と人間を幻にしてしまったのです。ついでに幻もなくなるところでしたが、幻だけは残しておいたのです。

ところが、神がアブラハムの時になってから約束を与えた。約束とは何かと言いますと、天地が造られた原理です。闇の中から一つの力を引き出すことによって、闇を押さえようとした。これが約束という計画です。その中心がキリストです。

約束はアニメーションのシナリオです。約束というシナリオがなかったら、アニメーションが展開しないのです。そのように地球が展開されているのです。

神の口から諸々の言葉が吐き出されているのです。例えば、形の世界、色の世界、味の世界、香りの世界、栄養の世界を同時に吐き出しているのです。だから、永遠に存在しているように見えるのです。

時間がないという点を捉えると、ありてあるものは、現前だけだということが分かるのです。神という存在は瞬間的にしか存在しないのです。瞬間以外の存在があるとすれば、全部死です。だらだらと繋がっている存在があるとすれば、全部死を意味するのです。

18. 神の国が実現している

かつて日本では西暦紀元をあまり問題にしていませんでした。これはキリスト教徒の勝手な言い分、白人社会の独断的な感覚で、こういう規定を設けているのだと思われていました。白人的な世界観を有色人種に押し付けるために、西暦紀元という考え方を用いたのだと考えられていたのです。

今までの日本人はそう考えている人が多かったようです。キリスト教的な宗教習慣に基づく価値観だと思っていたのです。

クリスマスとかペンテコステ（聖霊降臨の祝日）、謝肉祭は世界的にあるようですが、キリスト教の典礼に基づくものです。こういうものを世界的な祭りにしているのですが、西暦紀元もクリスマスと同じような意味で、世界的にこういう暦年算定の考え方を押し付けているのだと思っていたのです。

ところが、聖書をよく読んでみますと、そうではないことが分かるのです。仮に、白人が西暦紀元を自分たちの宗教習慣によって創設したとします。それを世界の有色人種全般に押し広めて、自分たちの世界観に同意させようという強引な態度をとったとしても、もしそれが地球存在の必然性に一致しないとすれば、そういうことが通るはずがないのです。

例えば、マルクスの思想が良いものだと白人が考えたとします。そうして、世界全体をマルキシズムに巻き込もうと考えたとします。マルキシズムは歴史的必然性があるという言い方もできますし、社会改革という人権主義的な感覚もあります。従って、貧乏人が金持ちと平等な感覚で生活できるという、誠に人間にとっては願ったり叶ったりの言い分があるのです。どこの国でも、マルキシズムの言い分で、国民大衆と言われている人々が賛同しやすい要素が十分にあるのです。

ところが、案外そうならないのです。理論的には民衆が得をするような考え方をしています。貧乏人と言われる一般大衆の感覚で見れば、当然賛同した方が良さそうに思えるのです。

どこの国でも一般大衆の方が数が多いに決まっています。いくら金持ちが多いアメリカでも、一般大衆と言われる民衆の方が数としてははるかに多いのです。従って、アメリカでもイギリスでも、マルキシズムは人間の自尊心的感覚、欲望主義的な生活感覚から考えて、マルクスの思想は当然、世界中の一般大衆がこぞって歓迎するはずです。

マルクスはそう考えて資本論を書いたのです。その思想の良し悪しは別として、人間の肉性を煽り立てて迎合する態度を取れば、一般大衆はこぞって歓迎すると考えたのです。

いかに封建主義的な残存意識があっても、また、資本主義的な意識があっても、一般大衆にアピールするようなマルキシズムは当然歓迎されるはずです。ところが、歓迎されないのです。二〇二〇年現在で、中国や北朝鮮、キューバは共産主義体制の国家ですが、一般大衆で本当にマルキシズムに傾倒している人が何％あるかです。共産党員として国家の指導をしている人は信じているでしょう。しかし、本当に心からマルキシズムに傾倒している人は、非常に少ないでしょう。

マルキシズムのように人間に迎合するセンスを持っているものでも、人々が歓迎するとは限らないのです。結局、神の処置でなければ、人間がある思想を伝播しようと考えても、世界的に行き渡らせることはできないのです。

ある一部の民族や国家に受け入れられても、全世界にそれが抵抗なく受けとめられるということは、人間が考えた思想ではできないのです。マルキシズムがその実例になると思います。

西暦の場合、これを採用したからと言って誰かが得をする訳でもありません。国家の民族感情から考えますと、損をしても得はないのです。日本人の島国感情から考えますと、平成とか令和と言った方が何となくぴったりするのです。

現在では西暦は便利であると言えますけれど、日本の明治、大正時代では、西暦を用いるのは民族的にも国家的にも、それほど便利であるとは言えなかったのです。

外交文書、国際的な貿易をする人には便利だったでしょう。一般大衆の立場から考えますと、西暦を用いても何の利益もなかったのです。むしろ抵抗を感じる方が多かったかもしれないのです。

ところが、今では西暦が当たり前になっているのです。私はかつて世界一周旅行を二回してきました。アジア、中近東、ヨーロッパ、アフリカ、南米、中南米、北アメリカの色々な国を訪ねましたが、皆西暦を使っていました。

日本では令和の後に果たして元号が新しく作られるかどうか分からない状態になっているのです。元号を作ったとしても、西暦を使った方が便利になっているのです。そうすると日本で令和の後に作られる元号は、単なる体裁みたいなものになるのです。皇室の行事には元号を用いることになりますが、一般社会の人々は西暦が普通になるのです。

そういうことがどうしてあり得たのでしょうか。新約聖書が伝播された地域、民族には、無言の内に西暦が歓迎されているのです。世界全体がイエスの誕生の紀元をそのまま受け入れている。これがおかしいのです。

年号というのは簡単なことのように思われますけれど、人間生活においては、非常に大きい意味を持っているのです。年号を知っていても知らなくても、給料をもらうには関係がありませんけれど、社会生活の通念から考えますと、年号の持つ重大さは相当大きいものがあるのです。それが大した抵抗もなく世界中で受け入れられているのです。

神という事実はこのような事がらにおいて、何気なく当たり前のこととして受けとめられているのです。これは人間がむきになって反対しなければならない事実とは違うのです。

イエス・キリストの誕生が西暦紀元になっているということは、落ち着いて考えたら容易ならない大問題です。イエス・キリストの誕生が、好むと好まざるとに係わらず、暦年算定の基準になっていて、人間は無理なくそれを受け入れているのです。なぜこういうことがあり得るのか。落ち着いて考えたら、新約という事がらの意味が少し分かるはずです。

西暦紀元というのはどういう時代なのか。イエスが生まれる前の世界と、生まれた後の世界とでは、人間存在の位置づけ、本質が全く変わってしまっているのです。人間存在の世界的な価値が変わっているのです。人間が宇宙的に存在する位置が全く変わっているのです。

イエスが生まれる前の異邦人の位置、世界史的な存在価値は、ゴリラやオランウータンと変わらない状態でした。これは正確には人間とは言えなかったのです。ゴリラやオランウータンとは違って、少し贅沢な動物だったのです。いてもいなくてもどうでもいい存在でした。世界歴史に与える意味を全く持っていなかった。人間という価値を全く持っていなかったのです。

現在でもイエス・キリストと無関係だと考えている人の価値はそれです。イエス・キリストと無関係だと考えている人の価値は、動物と同じです。例えば、どこかの工場で仕事をしているとします。その工場は人間生活のために製造しているのです。また、人間生活のために日本の国家に貢献しているのですが、人間存在の本質にとって何の意味があるかです。

人間は自分が住んでいる社会を褒めるという、妙な癖があるのです。例えば、かつて京都市が琵琶湖から疎水を引きました。それを行った知事が、その功績により銅像が建てられたのです。

京都人としてはその事業によって利益を得たのですが、人間が現世で便利に生活することが、本質的に何の価値があるのかということです。どういう意味を持っているかです。

旧幕時代の京都人と、令和時代の京都人とでは、人間の本質にどのような変化をもたらしたのか。

人間の意義と価値は、人間が霊魂であることにあるのです。霊魂としての価値が、正当な価値判断の基準です。生活の形態が良いか悪いかは、人間の価値判断の基準にはならないのです。

現世に生きている人間から考えると、現世の生活が第一だと思うでしょう。しかし、人間が現世に生きていることが、何を目的としたものなのか。価値があるのかということになると、現世に生きている人間は皆死んでいくのです。文明がいくら良くなっても、結局人間は皆死んでいくのです。

これは虚無的な考えではないし、反国家的な考えではありません。人間の意識の飾りやごまかしを全部取り去って、人間存在の丸裸の状態を直視することになりますと、そういう価値判断になるのです。

人間が生きているのは何のためか。人間が生きている意味、目的は何かです。

現世において世間並に生活して死んでいくのです。世間並から少し良い生活ができて、子供に財産を残しても子供が愚かになるだけです。だから、西郷隆盛は子孫のために美田を買わないと言ったのです。子孫のために美田を買えば、子孫がばかになるだけです。

そうすると、人間は一体何のために生きているのだろうか。真面目な人だったら答えができないのが当たり前です。無理に答えをする人は、自惚れているか自分の理屈を言っているだけです。

そういう人は、現世に生活することに意義がある、価値があると言いたいのかもしれませんが、正直に人生を考える人は、人生は全く虚しいと考えるに決まっているのです。そう考えない人は、人生を冷静に、公平に判断するだけの能力がないからです。

人生は果たして生きるに値するのかと言う人がいますが、こういう問いをするのが当たり前です。現在の人間なら、生きるに値しないのです。生きていれば罪を犯すに決まっているからです。焼き餅をやき、嘘を言うのです。そういうことをするに決まっているのです。人間が存在することが、却って人間を傷つけているのです。

そうすると一体異邦人の価値は何かということです。犬や猫なら生活の矛盾はありません。人間には生活の矛盾があります。人間は矛盾した人生をごまかして生きなければならないだけ、犬や猫よりも価値が低いことになるのです。

人間は文明を造って自惚れているだけであって、文明が宇宙的にどれだけの価値があるのかと言うと、地球を食い荒らして、やがて地球そのものを滅ぼしてしまう危険性があるだけです。

やがて、国も、民族も、歴史も、文明も消えてしまうでしょう。一体、人間は何をしてきたのかと言いたいのです。ただ争いをして死んでいった。それだけのことです。イエスが生まれるまでの人間はそれだけだったのです。

イエスがこの地上に現われてきたから、人間の歴史に大証人が与えられたのです。生きる意味、生きる目的がはっきり輝き出したのです。ここにキリスト紀元の驚くべき意味があるのです。

イエスが来たことによって、人間の本質、本性、本体が明らかにされたのです。イエスが来るまでは、人間の本質、本性、本体は全く分からなかったのです。

ユダヤ人でもそうでした。特に異邦人はただ生まれてきて死んでいく。それだけです。「露とおち　露と消えにし　我が身かな　浪速のことは　夢のまた夢」という豊臣秀吉の辞世の歌のとおりです。酔生夢死の人生です。酔っぱらって生きて、夢のように死んでいく。この他に人生の価値はなかったのです。

孔子はもっともらしいことを言いました。達磨がもっともらしいことを悟ったとしても、涅槃です。涅槃の境に入ってそれで終わりです。

現世で五蘊皆空を悟って一切苦厄を度して、楽しく生きたとしても、やはり死んでいくのです。それで終わりです。

よほど上等になっても犬くらいの価値です。犬は最初から涅槃です。犬には罪が全くありませんから、死の恐れはないのです。今までの日本には犬以上の人は一人もいなかったのです。

今の日本人はその程度のものです。生きてはいるが自分の値打ちを全く知らない。自分の本性、本体を知らないのです。結婚とは何か。親とは何か。愛とは何か。命とは何か。そういう根本的なことが何も分からないのです。何も分からないから、犬の方が罪がないだけ上等です。

ところが、イエスが現われてから、人間の価値が全く変わってしまったのです。神の子であるという実質が証明されたのです。人間は神の子であるという驚くべき実質が証明されたのです。そうして、もっと驚くべきことは、イエスが十字架にかかって復活し、昇天したことによって、聖霊が降臨したのです。そして、イエス紀元の時代が現われたのですが、もはや地球は神の国になっているのです。全く大変なことになっているのです。

これについては詳しく説明しなければなりませんが、今の日本人は、あまりにも物を知らなさすぎるのです。これは日本人だけではありません。世界中の人々が知らないのです。

とにかく、今はもう神の国が来ているのです。悔い改めて福音を信じるという条件さえ果たせば、死ななくなるのです。死なない命を見つけることができるのです。

やがてこの世界に、千年王国という驚くべき栄光の時代が現われます。地球に千年間の絶対平和が実現します。そうして、地球がなくなった後に、新しい天と新しい地が現われるのです。

その時人間は、万物の王であり、神の子である本性を輝かせることができるのです。そうして、世々限りなく王となるのです。これは人生の目的としてはあまりにも上等すぎますが、これが私たちの目の前に置かれているのです。

創世記二章は人間が罪を犯す前の記録です。イエス・キリストの十字架によって罪が贖われた結果、今の地球上にこの二章が実現しているのです。これがキリスト紀元の時代です。

一度罪を犯した人間が、十字架によってその罪が抹殺されてしまった。そうして、陥罪以前の状態、創世記二章の状態が現われているのです。だから、「神の国は近づいた。悔い改めて福音を信ぜよ」とイエスが言っているのです。イエスが十字架にかかる前ですから、神の国は近づいたと言っているのです。

今は既に神の国が来ているのです。だから、悔い改めて福音を信ぜよと言っているのです。そこで、現在私たちが住んでいる世界が、神の国になっているという事実を説明すれば、皆様が素朴で素直であれば分かるのです。

今生きている人間は死なない人間だということも、また分かるはずです。

現在までの人間の生活意識、人生観、世界観、価値観を新しくする必要があるのです。そうしたら、私たち自身が死なない人間だということを、はっきり確認することができるのです。

これは肉体的に死ぬか死なないかということではありません。肉体的には死ぬに決まっています。現世から消えていきます。これは人間の霊魂の生活条件が変化するだけであって、これは死ぬことではないのです。

現在私たちは生きています。私たちが肉体的に生きているという事がらと平行的に、神の子として、とこしえの命で生きているという事実があるのです。

肉体的に生きているという事実と平行して、とこしえの命に生きているという事実があるのです。

私たちは毎日食べています。飲んでいます。それと同時に、命の木の実を現在食べているのです。イエス紀元に生きているということは、命の木の実を食べているということです。

私たちは現実にイエス紀元に生きています。聖霊が降臨しています。聖霊が降臨したこの地球上に生きていながら、まだ命が分からないとはどういうことかと言いたいのです。
自我意識と現象意識を捨てればいい。そうしたらすぐに命が分かるのです。

19. イエス・キリストの十字架によって、地球上の死が消えてしまった

パウロは次のように述べています。

「そして、一度だけ死ぬこと、死んだ後、裁きを受けることが人間に定まっているように、キリストもまた多くの人の罪を負うために、一度だけご自身を捧げられた後、彼を待ち望んでいる人々に、罪を負うためではなしに、二度目に現われて、救いを与えられたのである」（ヘブライ人への手紙9・27、28）。

肉体的に生きている人間は一度死ぬのです。口語訳では一度だけと訳していますが、一度死ぬと訳した方がいいようです。とにかく人間は一度死ぬのです。ところが、へたをすると二度死ぬことになるのです。一度だけ死んで助かる人は有難いのです。

イエスは一度だけ死んだのです。再び死なないのです。イスカリオテのユダは二度死んでいます。彼は肉体的に言いますと、首を吊って死にました。息が切れた後に、縄が切れて地面に落ちて、腹が裂けてしまった。腸わたが流れ出して、また死んだのです。これが罪人が二度死ぬことの譬になっていると、キリスト教では言いますが、罪人が現世を去る時に一度死にます。死んで墓に行きます。それから地獄へ送られる。これが二度目の死です。

この世を去っただけで終わればいいのですが、この世を去った後に地獄へ送られることにな

ります と、二度死ぬことになるのです。これはヨハネの黙示録に書いてありまして、「黄泉と死から死人が出されて、火の池へ投げ込まれる。これが二度目の死である」と書いてあるのです(ヨハネの黙示録20・11〜15)。

一度だけ死んで、神の御霊による正しい裁きを現世で受け取ることができた人は、大変幸いです。

私たちは生きているうちに十字架を受けとめて死んでしまえば、再び死なないのです。現世に生きているうちに、自分を捨てなさいと私がやかましく言うのは、再び死なないことをお勧めしているのです。

一度生まれてきた人間が死ぬことなしに、救われたいと考えるのです。一度死ぬことを許してもらいたい、一度も死なないで救われたいと考えるのです。これがいけないのです。

イエスでも一度死んだのです。イエスのような完全な人でも、一度死んだのです。イエスは本当に死んだのです。

しかし、皆様がイエスの死に習って、イエスの十字架と一緒に自分が死んだと、そう信じたらいいだけのことです。イエスのように、一度息が切れなければならないことではないのです。

皆様の場合、一度死になさいと言われても、何も首を吊ったり、腹を切ったりしなくてもいいのです。イエスと一緒に死んだと思うだけです。これすらできなければ、もうどうしようもないということになるのです。イエスと一緒に死んだことが本当に思えるなら、皆様はもう死ななくなるのです。

現世から去ることは、死ぬこととは違います。イエスの十字架を受け入れたらパラダイスへ行けるのです。イエスと一緒に十字架に付けられた犯罪人の一人が、「イエスよ、あなたが御国の権威をもっておいでになる時には、私を思い出してください」と言うと、イエスは、「よく言っておくが、あなたは今日、私と一緒にパラダイスにあるであろう」と言ったのです（ルカによる福音書23・39〜43）。

イエスを受け入れたらイエスと一緒にパラダイスへ行く。これが現世に生まれてきた目的です。現世を去るのは喜びの国に入ることであって、死ぬこととは違うのです。これは本当です。お伽話ではありません。まず、喜びの国を現世で経験することです。

人間はイエスと一緒に十字架によって死んでしまったのです。「私はキリストと共に十字架につけられた。生きているのは、もはや私ではない」とパウロが言っているとおりです（ガラテヤ人への手紙2・19、20）。

十字架を信じたら、死んで裁きを受けたことになるのです。死んだことと裁きを受けたことがはっきり実現するのです。こんな結構なことは他にはないのです。

現世でこれを本当に経験すれば、もうその人は死なない。イエスは、「生きて私を信じる人は死なない」と言っています。イエスはマルタに、「私は甦りであり、命である。私を信じる者は、たとい死んでも生きる。また、生きていて私を信じる者は、いつまでも死なない」と言っているのです（ヨハネによる福音書11・25、26）。もしこの言葉を信じるなら、この言葉が命になるのです。

イエスの運命と皆様の運命は同じ運命になっているのです。これを信じることがイエスを信じることです。イエスに同化してしまうからです。皆様が救われるのではない。皆様の運命が消えてしまって、イエス・キリストの運命が皆様の運命になるのです。一度死ぬべき運命、裁きを受けるべき運命が消えてしまって、イエス・キリストの甦りなり命なりという運命が、自分の運命になってしまうのです。

皆様はイエスの運命を早く自分の運命にして頂きたい。そういう人ばかりの集まりにしたいのです。もう私はいない。私は死なない。イエスが私に化けているのだというように、堂々と言える人になって頂きたいのです。これが理想的な神の教会です。天の集会です。これを地上に現わしたいのです。

私は甦りである、命であるというこの事実が、皆様に成就しているのです。それを信じたらいいのです。

自分がいないことが分かったら、初めて死ななくなるのです。現在皆様の心臓が動いているという事がらは、自我意識には関係がないのです。自分の心臓でも他人の心臓でも動いているのです。心臓だけではなく、髪の毛一本でも自分の髪の毛ではありません。もし自分の髪の毛なら、自由に長くしたり短くしたりできるのです。皆様の指一本でも、腕一本でも自分のものではありません。自分の体はないのです。自分の命はないのです。ところが、自分が死ぬと思っている。この思いが肉の思いです。

人間が自我意識で生きている。また、主我的に生きている。個我として生きている。こういう気持ちは皆肉の思いでありまして、人間の肉性の感覚から湧き出したバイキンのような思想です。メタンガスのようなものです。勝手に湧いてくるのです。

人間の肉性が発酵しますと、自我とか主我とかいう意識が湧いてくるのです。これはメタンガスが湧き出しているようなものであって、本当に存在しているものではありません。

自我とか個我というものは、その人がそう思っているだけであってメタンガスみたいなものです。しかし人間の心臓が動いている、目が動く、足が動く、手が動くという事実は事実であって、観念ではありません。メタンガスではありません。実存です。人間の実存というものがイエスです。イエスがそのまま、人間の実存として存在しているのです。

皆様が生きているということは客観的事実であって、これはイエス的本質です。このイエス的本質が、今皆様として現われているのです。これは最も公平な、最も明快な人間存在の説明です。

自我とか主我とかいうものは、人間の心臓が動いていることとは何の関係もないのです。私が梶原だと思っても思わなくても、勝手に心臓は動いています。皆様の心臓は自分のものではありません。山田太郎の心臓というものはありません。

大体、地球上に人間が七十六億人もいると思うのが間違っているのです。人間はただ一人いるだけです。たくさんいると思うことが間違っているのです。人類は皆同じ機能で生きています。五官、生理機能、心理機能は人類共通です。人類は一つの機能で生きています。これが人間は一人しかいないということです。イエス一人がいるのであって、イエス以外の人間はいないのです。従って、自我とか主我という考えを持っている人がいることがおかしいのです。

皆様は自我に対して、徹底的に愛想づかしをして頂きたい。これができていないから迷うのです。

自分という人間は生きていても仕方がないということを、毎日思うのです。私という人間が生きていても仕方がない。固有名詞の人間が救われるはずがないのです。天に行くのはイエスだけです。そうすると、救われないに決まっている人間が生きていても仕方がないのです。

今の文明はやがて潰れるに決まっています。人間の歴史は消えるのです。かつて皆様の親とか、また、親の親とかいう人々が皆死んでいきました。どんどん死んでいきました。彼らは今地上にいないのです。

本当に彼らがいたという事実はないのです。そういう事実があると思っても、それはただの幻としてあるだけです。三代前の自分のおじいさんがいると思ってもいないと思っても、皆様には何の関係もないのです。

そのように固有名詞の人間というものは、いてもいなくても何の関係もない。皆様の心臓が動いているということと、皆様の固有名詞とは何の関係もないのです。だから、固有名詞を信じるのをやめて頂きたい。毎日これを否定するのです。いるのはイエスだけです。これが分かれば皆様は救われてしまっているのです。

肉の人間は生きていても仕方がない。これをよくよく考えて頂きたいのです。固有名詞の皆様が幸いになっても仕方がないのです。やがて死ぬに決まっているからです。固有名詞の結婚は虚しいものです。ところが、若い男女はしきりに結婚したがるのです。顕在意識の人間は幸せだと思おうとしているのです。それは自己欺瞞です。自己催眠です。自分で自分を騙しているのです。

大体、女の人は結婚してからでも、いつかすばらしい人が自分を迎えに来ると思っています。六十歳になっても七十歳になってもすばらしい人が迎えに来ると思っています。女の人はいつまでも三十五歳くらいの気持ちでいるのです。シンデレラという童話は、女性の心理状態をそのまま描いているのです。女の人は皆シンデレラです。女の人が何を望んでいるのかということは、これによって分かるのです。女の人はシンデレラであることを望んでいるのです。ところが、ここには深い意味があるのです。

女の人が望んでいるということは、実は人間の望みを代表しているのです。女の人が何を望んでいるのかということが、人間全体の望みの代表的な思考方式です。実は人間は皆王子様のお妃になりたいと思っているのです。これは人間の魂がすべてイエス・キリストを望んでいることを示しているのです。ところが、イエス・キリストのお妃になりたいと望む、王子様のお妃になりたいと望む、ここまではいいのですが、お妃になってからということが、シンデレラの話にないのです。

シンデレラの話は、王子様のお妃になって、めでたしめでたしで終わっているのです。ところが、人間の魂はキリストのお妃になってから仕事があるのです。キリストのお妃になるというのが、人間に定められた運命です。キリストのお妃になるために、この世に生まれてきたのです。

では何のためにお妃になるのか。キリストと一緒に所帯を持って、大宇宙という所帯を切り回すためです。

現世でキリストのお妃になれたと信じることができる人、私はキリストのお妃であると信じられる人は、恵まれた人です。恵まれた人なら、今度は神の恵みに従って生活しなければならないのです。これがお妃になってからの条件です。毎日自らの生活を自重して、キリストのお妃らしい生活をしなければならないのです。

私たちが御霊《みたま》を受けたというのは、お妃になる手形を与えられたことであって、この手形を持っている人はやがてお妃にされるのです。手形を持っていることを本当に自覚すればお妃にされるのです。自覚すれば、その人はキリストのお妃としての生活を毎日送るはずです。また、神が送らせるはずです。神は皆様にもそれを期待しているのです。イスラエル伝道をするのはこのためです。

現在の文明を根本的に改造すること、神の国を実現すること、そのためにユダヤ人を覆すこと、これを何としてもしなければならないのです。これが世界の歴史の急所です。

ユダヤ人に伝道することが人間文明の急所です。日本人はどうでもいいのです。神の世界計画に協力するのです。そのために、毎日の生活を自ら慎んで、神の御心に生きるようにすべきです。これがお妃になった人の心構えです。

こういうことが分かってきますと、人間存在に対する見方、男女の関係に関する見方が全然変わってきます。このことこそ、神と人の交わりの最高の奥義です。私たちの肉体はたちまち瞬く間に変えられるとあります。今の肉体が栄光の姿に変わる可能性があるのです。

聖書は人間の肉体の裏表を全部説明しているのです。それを読み取れないだけのことです。知識において大人になるのです。霊においては子供になるのです。霊においては単純な人間になるのです。知識的には何でも知っている人間になるのです。

科学者は科学のことだけしか知りません。哲学者は哲学のことしか知りませんが、これは不完全です。これは子供です。宗教家は宗教だけしか知りません。これも子供です。

何でも分かる人にならないといけないのです。これが大人です。人間の心理状態の奥底には、驚くべきキリストの憧れが隠れていると同時に、生理状態の奥底にも、キリストに対する憧れが隠れているのです。人間の肉体構造の中に、キリストの憧れが隠れているのです。だから、肉体が霊化されるのです。肉体が変えられるのです。肉体は最もよく神を知っているのです。

皆様の心が、常識が、神を知らないのですが、肉体は神を知っているのです。

聖書は宗教の書ではありません。キリスト教の教典ではありません。神と人間の真理の交わりの書です。真実の文です。絶対真理の知恵の塊です。命がそのまま文字になっているのです。

おおらかな感覚で聖書の勉強をして頂きたいのです。

あとがき

いるのです。

　どうしたら死から脱却できるのか。死ということについて、世界中の人々が考え違いをしているのです。

　死というのは、生理的な問題であると思っています。肉体的に生きている人間の立場から言えば、そういうことになるかもしれませんが、死が肉体的な問題だと考えていることが、思想的には既に死んでいることになるのです。

　死の正体が分からないままでこの世を去っていくことを、死だと思い込んでいる。この世を去るのは死ではないのです。ナザレのイエスはこの世を去ったのです。しかし、死んではいないのです。

　イエスが復活したというのは、六千年の人間の歴史の中で最も大きい、また、一番確実なテーマなのです。従って、これは学問の対象として取り上げなければならないテーマですが、現在の文明はそれを学問の対象としていない。キリスト教という宗教に任せきりで、まともに触れようとしないのです。この態度が非常に不真面目です。

　宗教でなければ死の問題を考えなくてもいいと思っている。これが現代文明の根本的な間違いです。文明がどれほど立派なものでも、結局死んでしまうことになれば何もならないのです。どんな立派な学問でも、どんな立派な業績でも、死んでしまえば無になってしまうのです。

死を肯定することは死に負けていることです。論理の展開が正しくても正しくなくても、とにかく死を考えるという勇気が、今の文化にはどうしても必要です。それをしようとしていない。これは文化という概念についての考え方が貧弱で、スケールが小さい。本当の意味での文化と言えるようなものではないことを、白状していることになるのです。

現在の文化文明は、名前は文化文明ですけれど、内容的に文化文明と言えるものは一つもないのです。

文化文明の大欠点がどこにあるのかと言いますと、死を認めていることです。死に降参している。白旗を出しているのです。負けても勝ってもいいから、死に戦いを挑むという勇敢な気持ちがないのです。

芸術に対して真面目さはあるでしょう。政治とか法律に対する真面目さはあるでしょう。しかし、人間が死ぬに決まっていることを前提にしての政治、法律に、根本的な勝ち目があるかどうかです。

死ぬに決まっている人間が造った文明は、やがて消えるに決まっているのです。どんな芸術も、どんな政治や法律も、あらゆる学理学説も、人間文明の消滅と同時に塵灰になってしまいます。消えてしまうのです。

消えてしまうものになぜノーベル賞を出すのでしょうか。長年、核兵器廃絶を訴えたスウェーデンの女性にノーベル賞を授与したことがありましたが、これは全く当たり前のことです。

核兵器廃絶を説かないよりも説いた方がいいでしょう。しかし、核兵器を廃絶してその後にどうするかと言うと、もう分からないのです。核兵器を廃絶して終わりです。核兵器廃絶を長年説いてきたのでノーベル賞を与えられた。これが現代文明の感覚です。ユダヤ人の感覚です。

私はユダヤ人の霊魂について、徹底的に彼らの反省を促すだけの材料があるのです。はっきり言いますと、私はユダヤ人を叱りつけるだけの確信があるのです。彼らは与えられている約束を知らないのです。神の実体を認識しようと思わないのです。そこに、ユダヤ人の根本的な考え違いがあるのです。

ユダヤ人はアブラハムの子孫でありながら、アブラハムの思想が全然分かっていないのです。彼らはモーセの十戒を遵奉すると言いながら、モーセが何をしたかを知らないのです。そうして、やたらに世界的な文明の政治的、経済的なリーダーシップを取っているのです。

現在の文明はユダヤ人にリードされている文明です。現在の学理学説はことごとくユダヤ人に脱帽敬礼しているのです。ノーベル賞をもらって喜んでいるのは、その最も顕著な例です。ユダヤ人に褒美をもらって、なぜ嬉しいのかと言いたいのです。これが人間文明が間違っている根本的な原因です。

ユダヤ人は、イエス・キリストの復活を信じたくないだけです。ところがイエス・キリストの復活を信じたくないと言いながら、今年が二〇二〇年であるということは、ユダヤ人も認めざるを得ないのです。

人間は死を破ることができるのだということを、イエスは歴史的に実証しているのです。その事実によって人間の歴史が新しくなった。暦年算定の基準が、イエスが死を破ったことによって新しくされた。これは当然、学の対象にならなければならない。人文科学の基本的なテーマであるはずです。

自然科学と言っても、現在の人間が肉体的に生きているという感性に基づく自然科学です。復活する可能性のある人間を踏まえた自然科学ではないのです。

そういう者に、人間の霊魂に関するリーダーシップを取るだけの価値があるのでしょうか。端的な言い方をしますと、現在の文化文明は底抜けのバケツみたいなものです。見当も何もないのです。

人間の文化文明は、具体的、実体的な意味での目標を全く持っていないのです。現在の学問や政治が、人間の理想どおりに進んだとしてもどうなるのでしょうか。やはり人間は死んでいきますし、テロや戦争をするでしょう。恨んだり、憎んだり、焼きもちをやいたり、泥棒をしたり、嘘を言うでしょう。一体人間は何をしているのでしょうか。要するに、人間は命が分からないのです。生きていながら命が分からないのです。

なぜ命が分からないのかと言えば、死が分からないからです。死とは何か。その正体が分からないのです。

死は恐れるには及ばないという言い方もあるでしょう。また、恐れなければならないという言い方もあるでしょう。どちらにしても、死を問題にするのは真面目で結構ですが、現在の文化文明は、死の問題を真面目に取り上げようとしていません。死を真面目に取り上げるということは、ユダヤ人にとっては鬼門金神でしょう。死の問題を真正面から取り上げると、どうしてもイエス・キリストの復活を文化論的に考えなければならないことになるのですから、ユダヤ人はまともに取り上げたくないのです。

イエスの復活以外に、人間の六千年の歴史の中で本当に信用できるものはないのです。科学も信用できません。哲学も法律も信用できません。

例えば、法律が信用できないという一例を申し上げますと、人間を何人も殺せば死刑になるのかという説明がもうできないのです。よく「人間一人の命は地球よりも重い」と言われます。ところが、戦争では人を何人殺しても罪にはならない。むしろ多く殺せば英雄になるのです。広島では、たった一発の原爆で十四万人の人が惨殺されました。原爆を投下して十四万人殺した人が英雄です。これでも人間一人の命は地球よりも重いと言えるのでしょうか。味方も敵も人間です。同じ人間の命でありながら、何人殺してもいいというのはどういうことなのでしょうか。理論的に、哲学的に、明確な返答ができるのでしょうか。今の文明ではできないのです。

ことに日本の法律家はだめです。欧米社会では、法律の専門家になろうとしますと、まず律法の原理を勉強させられるのです。律法の原理はモーセの掟ですから、これをしっかり勉強しなければ法律の専門家にはなれないのです。日本ではモーセの掟を全然勉強しません。モーセの掟を知らなくても、法律の専門家で通るのです。それほど日本の社会はいいかげんです。死からの脱出というのは冗談ではできないのです。皆様が本当に脱出したいと願っているかどうかです。本当に真剣にそう願っているのなら、生き方が違ってくるはずです。

一体地球はなぜできたのか。それは宇宙に、死の法則、マイナスのエネルギーが発生したからです。それがどうして発生したのかという根本原理が分かっていない。分かろうとしていないことが悪いのです。

宇宙に発生したマイナスのエネルギーは、理屈や力で圧倒できるものではないのです。どんな理屈を振り回してもだめです。原子爆弾や水素爆弾を何万発持っていても、マイナスのエネルギーはびくともしません。ますます繁盛するでしょう。

マイナスのエネルギーを宇宙から撲滅するにはどうしたらいいのか。これが聖書の大眼目なのです。神はどういう方法を取ったかと言いますと、天地万物を創造することによって、マイナスのエネルギーを自滅させようと考えたのです。この神の大計画をキリストと言うのです。

日本人は聖書が全く分からない国民です。セミホワイトと言われているくらいですから、聖書を勉強したいという、欧米人の真似をして頂きたいのです。

地球が存在することについて一番大事な問題は、神の約束ということです。神の約束が天地万物が造られた根本的なテーマです。

どうして天が天であり得るのか。地が地であり得るのか。人間がどうして人間であり得るのか。皆様は自分が人間であることについて当たり前と思っています。これでいいのでしょうか。自分が人間であることについて、もう少し慎重に考えて頂きたいのです。

大体、日本で聖書が本当に説かれたことが一度もないのです。学問的にも宗教的にも、神の聖書、神の約束が正しく説明されたことが一度もないのです。日本人は全く盲目です。命に関する限り日本人は盲目です。ただ般若心経に般若波羅蜜多という思想があることが、唯一の救いです。

般若波羅蜜多というのは、この世を捨てて彼岸へ渡るということですが、これがたった一つの貴重な概念です。ただこれは実体ではなくて概念です。

般若波羅蜜多という概念はありますが、本当に向こう岸へ渡った人は、日本には一人もいないのです。一休も、親鸞も、道元も、日蓮も、弘法大師も最澄も、向こう岸へ渡っていないのです。今まで日本人で死なない命を見つけた人は一人もいないのです。私は不肖ながら、神の御霊によって向こう岸へ渡る方法を教えてもらいました。向こう岸へ渡ることができました。私ができるのですから、皆様もできるに決まっています。私が書いている数十冊の著書を冷静にお読み頂ければ、必ず向こう岸へ渡ることができるのです。

皆様は命の尊さを全くご存じありません。人間がこの世に生まれてきたことは驚くべき事実です。本当のプラスのエネルギーの原理が発見されますと、皆様の理性と良心は永遠無限に発展することができるのです。このことをイエスがはっきり証明したのです。

私はキリスト教の宣伝をしているのではありません。世界中で何が一番悪いと言っても、原水爆弾よりもっと悪いのは、キリスト教とユダヤ教です。核兵器よりも悪いのは、ユダヤ教とキリスト教です。その次に悪いのは核兵器です。仏教の悪さとか、日本神道の悪さはごく小さなものです。キリスト教はキリストの名によって、キリスト計画に反抗しているのです。その意味で、キリスト教は最も悪いのです。これが世界中を引っかき回しているのです。

文明を引っかき回して人間の霊魂を混乱させるということは、泥棒や放火、殺人よりも悪いのです。一番悪いのは人間の霊魂を蹂躙することです。人間の霊魂をごまかして殺してしまうことが最も悪いのです。これをユダヤ教とキリスト教がしているのです。ですから、世界中で一番悪いのは、ユダヤ教とキリスト教だと言わざるを得ないのです。

私はキリスト教会へ行っている人の霊魂を愛します。ユダヤ教徒の魂を愛しているから、露骨にユダヤ教とキリスト教を非難するのです。

人の魂を奪って地獄へ引きずり込むことは、最も悪いことです。イエスは宗教家を口を極めて罵りました。その結果、宗教家に殺されたのです。殺人、放火、ヤクザより悪いのが、キリスト教です。政治家が五億円の賄賂をもらって起訴されていますが、人の魂を盗むのは、五億円や十億円の話とは違います。もっと悪いのです。

日本人は本当の悪が分からないのです。命が分からないからです。神の名によって神に反抗すること、キリストの名によって人の魂を騙すことは一番悪いのです。

阿弥陀如来の名によって人の魂を騙したところで、初めから誰も本気にしていないのです。本気になって阿弥陀如来を信じている人は、今の世界に一人もいないからです。ただ宗教観念として南無阿弥陀仏を拝んでいる人はいます。しかし、それで死から脱出できると思っている人は一人もいないでしょう。

キリストの名によってキリストに反抗することが、最も悪いのです。だから私はキリスト教の宣伝をしているのでは絶対にないのです。私はキリスト教の教義が悪いと言っているのです。私はキリスト教信者の魂をこよなく愛していますから、偽りの教義から引き出してあげたいと思っているのです。世界中十数億のキリスト教信者は、皆間違っているのです。ローマ法王はその元凶です。

皆様が本当に死からの脱出を願っているかどうかです。イエスは見事に死を破ったのです。イエスができたということは、皆様もできるということです。

これにはただ一つ条件があります。世間並の常識を踏み越えて頂く必要があるのです。これは般若心経の五蘊皆空を実行して頂ければいいのです。五蘊皆空、色即是空を実行して頂ければいいのです。厭離一切顛倒夢想、究竟涅槃を実行されたらいいのです。

皆様はこの世に生まれて、今まで生きてきた固有名詞の自分を、本当の自分だと考えているようですが、これが間違っているのです。

人間は自分の力によって自立自尊することはできません。皆様が生きているのは、他動的な力、他律的な原理に基づいているのです。従って、皆様の命は、皆様のものではないのです。

人間はこういう根本的な間違いをしているのです。こういう考え違いについて、老子は半分だけ説明しているのです。人間の命は無の働きによってできている。これだけ説いていますが、無の働きという説明は半分だけの説明なのです。全体の説明ではないのです。無とは何かについて、老子は全く説明していません。そのように皆様の命は他律的なものですから、みずからの分としての自分の命はありません。人間は命について本質的な誤解があるのです。これが死に繋がっていくのです。

皆様がご自分の命について正しく認識していないことが、既に死んでいることになるのです。それが死を決定的に招きよせる原因になっているのです。こういうことをまず認識して頂きたいのです。

皆様がこの世に生まれた人生を、この先何十年続けていても本当の命は分かりません。人間の歴史はこれから何千年、何万年続いても、何のいいものも出て来ません。結局、人間文明は消滅するに決まっているのです。消えてしまうに決まっています。般若心経はこれをはっきり言っているのです。五蘊皆空、色即是空です。

私が申し上げたいのは、神霊と真理です。これをもう少し分かりやすく言いますと、霊と誠ということです。霊と誠が分かれば命が分かるのです。本当の命が分かれば、死はその人の中から消えてしまうのです。死が逃げていくのです。肉の思いは死です。霊と誠が分かれば肉の思いは自滅するのです。

霊と誠を弁えるためには、約束を勉強するしかないのです。約束という言葉は、未来を保証する意味での最も端的な語法です。

人間の約束でも重大なことです。約束手形となるとなかなか重大なことです。一つの会社が生きるか死ぬかの問題になるのです。人間が発行した約束手形でも、会社が潰れるのです。

皆様は絶対という言葉をご存じですけれど、今の日本人には絶対という言葉の意味が分らないのです。絶対ということの簡単な言葉が分からないのです。

日本には絶対ということの正しい概念がないのです。人間にとって自分の考えは絶対です。しかし、絶対の正体を掴まえない絶対です。私が言う絶対は、絶対の正体を掴まえている絶対です。

皆様が今まで生きていた気持ちをこれから続けていけば、非常に危ないのです。放っておけば皆様方は死ぬしかないのです。

だから、般若心経と聖書の言うことに耳を傾けて頂きたいのです。本気になって勉強するのでしたら、死なない命を得ることはできるでしょう。そのためには、皆様の今までの考え方を撤回して頂きたいのです。

皆様がこの世に生きてきたということが、根本的に間違っていたのです。皆様が五十年、六十年、長い人は七十年、八十年とこの世に生きおいでになりまして、本当のことが分かったのでしょうか。本当のことを教えてくれる人がいたのでしょうか。

もし教えてくれる人がいなかったのなら、騙されたと思って本気になって、般若心経と聖書を勉強して頂きたいのです。本気にならなければ本当に騙されないのです。逃げ腰で聞いていたのでは騙されないでしょう。騙されてもいいという大胆な気持ちを持って頂きたい。そうすると分かるのです。

イエスは神に騙された人です。神に騙されたおかげで、死ぬべき命を持っていたけれど、死なない命に鞍替えしてしまったのです。イエスの復活はそれを証明しているのです。

端的に言いますと、一切の理屈はなくてもいいのです。イエスが死を破ったという歴史的事実を、信じるか信じないかということです。もし信じると言われるのなら、細かく説明します。もし信じないと言われるのなら、般若心経や聖書の勉強をする必要がないのです。

イエスが復活したことの他に、死なない命は地球上に現われたことがないのです。従って、それを受け取ることが嫌であるなら、皆様は本当に死から脱出することを考えているとは言えないのです。

皆様は現在、蛍光灯の光によって、目の前にあるものを見ています。しかし、電気の本体を分かっていないでしょう。これさえ分かれば、皆様は死なない命が分かるのです。

例えば、太陽光線があります。太陽光線を見ていて、その意味が本当に分かったら、永遠の生命の実体が分かるのです。永遠の生命を簡単に結論的に言えば、そういうことになるのです。

皆様の心臓が動いていることが神です。これは私が繰り返し何回も言っていることです。皆様の心臓が動いていることが神ですから、心臓の動いていることの意味が本当に分かったら、皆様は死なないことが分かるのです。

皆様は現在までの常識をしっかり持ったままで、私の話を聞いています。これではだめです。例えば、目の前にコップがあるとしますと、そのコップに水をいっぱい入れて、その上に水を注いでもこぼれるだけです。古い水を全部捨ててしまえば、新しい水を注ぐことができるのです。

まず皆様は、般若波羅蜜多という言葉に本当に同意できるかどうかを考えて頂きたいのです。死というのは顚倒夢想です。自分が生きていると思っていることが夢想です。そうではなくて、生かされているのです。生きているということと、生かされているということとは根本から違います。

生かされているという言い方をしますと、皆様にある程度賛成して頂きやすいでしょう。人間は酸素を造ったり、水や太陽光線を造ることはできません。ところが、酸素や水や太陽光線を毎日ふんだんに与えられています。天からただで供給されているのです。もし酸素を供給されなかったら生きていけないのです。

ところが人間は酸素を自分で造っているような顔をしています。人間は生きている資格があると思い込んでいるのです。これが顚倒夢想です。なぜそう思うのでしょうか。

基本的人権、民主主義と言いますが、これはフランス革命やアメリカの独立を通して、ユダヤ人が宣言した人間の思想なのです。ユダヤ人がそういう芝居をして、新しい思想を世界中に流したのです。それに人間は皆おだて上げられているのです。実は現在の文化文明は大芝居です。いわゆるユダヤ革命思想のお陰で、皆様はおだてられているのです。

現在の学問で信じられるものはあるのでしょうか。皆様の生命観は肉体的にしか考えていません。肉体的にだけ生きているという常識主義の考えでいきますと、大学で教えている学問は値打ちがあるのです。

それは現世における価値判断であって、この世を去ってしまいますと、大学の学問は三文の価値もありません。宗教も哲学も、この世を去ってしまえば何の価値もないのです。全く無価値になることが分かっていながら、そういう学問になぜ絶対的な信頼を持っておいでになるのでしょうか。

もっと自由に考えられないでしょうか。本当に信用できるものを信じたらいいのであって、今生きている場合でも、また、死んでからでも、永遠に通用することをなぜ信用しないのでしょうか。

もう少し命を真面目に考えて頂きたい。皆様はご自分の命の尊さをご存じないので、実にわがまま勝手なことを言っているのです。命についてもっと苦労してもらいたいのです。本気になって頂きたいのです。

今の人間は女性が分からないのです。女性のどういうことが分からないかと言いますと、女であることが分からないのです。「であること」が分からない。人間であることが、人間がいることになって現われている。これを人間と言うのです。

日本には、こういう根本的な哲学思想が全然ないのです。「である」ということが、神霊誠の霊です。これは神霊科学の霊ではありません。神霊科学は程度の低いものです。これは人間の正体が全然分からない霊です。

イエスの復活を本当に勉強しますと、今日までの学問が全部間違っていることが分かるのです。皆様に解脱して頂きたいのです。般若波羅密多をして頂きたいのです。五蘊皆空して頂きたいのです。

人間の学問はただの五蘊です。皆様の六十年、七十年の生活経験はただの五蘊です。それ以外の何かがあったのでしょうか。

「である」ことが神の名、ザ・ネーム・オブ・ゴッド(the name of God)です。花が花であることが、神の実体です。人間が人間であることが、神の実体です。女性が女性であることが、神の実体です。本当の神が分からなければ本当の女性は分かりません。女性が分からないということは、男も分からない。人間も分からないのです。

皆様に申し上げたいことは、本当に女性を知ることです。これが本当の命を知ることです。例えば、電気があります。地球にだけしかこのような強力な電気はありません。これに対して、旧約聖書の詩篇は驚くべきことを書いているのです。

キリスト教の人々は宗教観念で聖書を読んでいるために、神の広大無辺の尊さが分からないのです。知らないのです。

人間が生きているというのは本当に尊いものです。だから、死んではいけないのです。死ぬのはただこの世を去るだけではない。死んだ後に、霊魂の裁きという厳格な審判があるのです。

これは皆様が自分の命でないものを、自分の命だと思い込んでいたその罰金を取られることです。自分の命でないものを、自分の命だと思い込んでいたということは、神の命を皆様が盗んでいたということになるのです。お金を盗んだら罪になりますが、命を盗むというのは、なまやさしいことではないのです。

皆様が今生きている命は、そのまま神そのものです。神そのものと皆様は、毎日対話しているのです。生きていることは神と対話していることです。

皆様は自分の命がどこからきたのか、人間であるとはどういうことなのか、自分を生かしているものの正体は何であるのか。誰に生かされているのかということを考えなければならないのです。自分を生かしているものの正体が分かれば、死ななくなるのです。

生かされている命について正当な認識があればいいのです。ただそれだけのことです。これを知るためには、地球がどうしてできたのかを知らなければならないのです。宗教ではない旧約聖書を勉強する以外に、地球が創造されたことの原理を掴まえることはできません。気に入らなくても聖書を勉強するしかないのです。

そのためにはどうしてもユダヤ人の歴史を学ぶしかないのです。今の文明は悪い意味でのユダヤ文明です。だから良い意味においてのユダヤ人を学べばいいのです。アブラハムというユダヤ人の祖先はどういう男だったのか。これが分かれば、世界歴史の流れは一目瞭然になるのです。世界の歴史がそのまま人間の運命を説いているのです。

歴史はヒストリー（history）と言いますが、これはヒズ・ストリー（his story）のことであって、神の物語なのです。歴史は人間が勝手に造ったものではありません。白人にヨーロッパ、アメリカを与え、黒人にアフリカを与え、一番広い所をアジア人に与えた。なぜアジア人に一番広い所を与えたのか。これは歴史を勉強しなければ分からないのです。

人間が人間であることは、歴史が歴史であることです。本当の歴史は聖書を学ぶしかないのです。これはキリスト教ではありません。私が言う本当の聖書とは、神の聖書、キリスト教ではない聖書を言うのです。

皆様が本当に永遠の生命の実物を得ようと思われたら、イエスが死を破ったことを勉強して頂くしかありません。キリスト教では、復活の命を皆様に与えることは絶対にできません。

歴史と聖書を冷静に綿密に勉強して頂ければ分かることですが、今の皆様の命は、実は復活したキリストの命なのです。死なない命になっているのです。この事実を知らないから、人間は勝手に死んでいくのです。

人間文明はこれをひた隠しにしているのです。隠し続けているのです。人間歴史はユダヤ人の大芝居です。UFOとか宇宙人を考え出したのもユダヤ人です。こういうことを持ち出して復活の命を無意味にしようとしているのです。彼らは、日本人のような低いレベルの感覚ではとても分からない巧妙な業を仕掛けているのです。

もう一つご注意頂きたいことは、理学と科学は違うということです。物理化学だけが科学ではありません。空理化学もあり得ますし霊理科学もあり得るのです。現在の日本人は、大学で教えている学問の範囲で縛られているのです。拘束されているのです。

皆様の命は端的に言いますと、明日をも知れぬ命です。これは危険なことです。

とにかくイエスがどうして死を破ったのかということの歴史的事実を、どうしても掴まえなければならない責任があるのです。神がわざわざイエスが復活したという事実を、世界歴史に提供しているのです。これは神の偉大な提唱です。

この神の提唱に耳を貸すことは、人間の責任です。そうしたくない人はしなくてもいいでしょう。しかし、命は自分のものではないのです。皆様の命を正確に支配しているのは、「である」ということです。神が皆様と一緒にいるのです。皆様の命は神です。これに気が付きさえすればいいのです。

生きているということが神と共にいることです。神の内にいることです。しかも、イエスが復活した後の神です。イエスが復活する前の神と、復活した後の神とは、神のあり方が全然違っているのです。ユダヤ人が考えている神と、今の神とは違うのです。

同じ絶対という言葉を使うとしても、イエスが十字架にかかる以前の絶対と、十字架以後の絶対とは違うのです。イエスが十字架にかかったことによって、皆様の古い命は自動的に消滅しているのです。だから、わざわざ自分の命を否定しなければならない必要はないのです。死んでしまうに決まっている命を神が否定しているのです。死ぬべき自分が消えているのです。このことを皆様にお話ししたいのです。死ぬべき自分はもういないのです。このことはイエスの復活を勉強すると分かるのです。

肉の思いで生きている人間は、もう存在していないはずです。しかし、自分が生きていると思っている人もいるのです。自分が生きているのではない。命は自分のものではないという簡単なことに気が付きさえすれば、皆様はわざわざ自分の命を捨てに行く必要はないのです。

イエス・キリストが十字架に付けられたということが、キリスト教では分からないのです。だから、人間の罪悪がどこでどうして消えるのか、判断ができないのです。これがキリスト教の重大な欠点です。宗教ではない聖書を正しく勉強すれば、死ぬべき自分がなくなっていることが、はっきりお分かり頂けるのです。

梶原和義（かじわら　かずよし）

●名古屋市に生まれる。

●長年、般若心経と聖書の研究に没頭する。

●十三年間、大手都市銀行に勤務後、退職して新会社を設立する。

●現代文明の根源を探るため、ユダヤ人問題を研究する。

●「永遠の命」についての講話活動を各地で行っている。

●東京と関西で、随時勉強会を開催している。

●聖書研究会主幹の故村岡太三郎先生に師事し、般若心経と聖書の根本思想について、多くの事を学ぶ。また、村岡太三郎先生と共に「般若心経と聖書」というテーマで、全国での講演活動に参加した。

・毎年、七月から九月の間に、六甲山と軽井沢で開催された聖書研究会主催の夏期セミナーに講師として参加し、世界の文明・文化・政治・経済・宗教について指導した。

・毎年、大阪で聖書研究会により開催されている定例研究会に講師として参加。文明の間違い、宗教の間違いについて、十年以上にわたり指導した。

・聖書研究会神戸地区の地区指導員として、十五年にわたって監督、指導した。

・大阪の出版社ＪＤＣ出版の主催による講話会で、「永遠の生命を得るために」「般若心経と聖書」等について連続講義をした。
・川崎市の川崎マリエンにて、土曜日の午後一時半から四時半頃まで、勉強会を開催している。（休む場合もあります）
・日曜日の午前十時半から十二時頃まで、全国の読者に向けてスカイプにて講話活動を行っている。
●一九九五年、一九九七年、世界一周をして、政治・経済・文化・人々の生活について広く見聞した。
・一九九五年七月二十六日エリトリアのイザイアス・アフェワルキー（Isaias Afeworki）大統領に面会し、エリトリアと日本の関係、エリトリア、アフリカの将来について話し合った。
・一九九七年二月十八日から二十八日の間に、イスラエルシャローム党創設者ウリ・アブネリ（Uri Avnery）氏と頻繁に会い、イスラエルの現状・PLOとの関係、イスラエルと日本との関係、ユダヤ教とメシア、イスラエルと世界の将来、人類の将来と世界平和等についてつっこんだ話合いをした。
・一九九五年六月二十七日より十月十七日迄、世界一周のためにウクライナ船「カレリア号」に乗船。船内で開催された洋上大学に講師として参加し、「東洋文明と西洋文明の融合」「永遠の生命とは何か」「永遠の生命を得るために」等について講演した。
・一九九七年十二月十九日から一九九八年三月二十一日迄、世界一周のためにインドネシア船

「アワニ・ドリーム号」に乗船。船内の乗客に「般若心経と聖書」というテーマで、三十三回の連続講義をした。この内容は拙著「ふたつの地球をめざして」に掲載している。

●日本ペンクラブ会員。

●日本文藝家協会会員。

●㈱アラジン代表取締役

●「礼和舵塾」塾長

著書

「永遠の生命」「永遠のいのち」「超幸福論」「超平和論」「超自由論」「超健康論」「超恋愛論」「超希望論」「超未来論」

「ユダヤ人の動向は人類の運命を左右する」

「ユダヤ人が悔い改めれば世界に驚くべき平和が訪れる」

「ユダヤ人が立ち直れば世界に完全平和が実現する」

「ユダヤ人問題は文明の中心テーマ」

「ユダヤ人を中心にして世界は動いている」

「ユダヤ人問題は歴史の中の最大の秘密」

「究極の人間の品格　3」
「般若心経と聖書の不思議な関係　1」
「般若心経と聖書の不思議な関係　2」
「般若心経と聖書の不思議な関係　3」
「ユダヤ人と人類に与えられた永遠の生命　1」
「ユダヤ人と人類に与えられた永遠の生命　2」
「ユダヤ人と人類に与えられた永遠の生命　3」
「ユダヤ人と人類に与えられた永遠の生命　4」
「ユダヤ人と人類に与えられた永遠の生命　5」
「ユダヤ人と人類に与えられた永遠の生命　6」
「ユダヤ人と人類に与えられた永遠の生命　7」
「ユダヤ人と人類に与えられた永遠の生命　8」
「ユダヤ人と人類に与えられた永遠の生命　9」
「ユダヤ人と人類に与えられた永遠の生命　10」
「死んでたまるか」
「死ぬのは真っ平ごめん」
「人類は死に完全勝利した」

「死は真っ赤な嘘」
「死ぬのは絶対お断り　上」
「死ぬのは絶対お断り　下」
「我死に勝てり　上巻」
「我死に勝てり　中巻」
「我死に勝てり　下巻」
「死なない人間になりました　上巻」
「死なない人間になりました　中巻」
「あなたも死なない人間になりませんか　上巻」
「死なない人間の集団をつくります」
「世界でたった一つの宝もの　上巻」
「世界でたった一つの宝もの　中巻」
「世界でたった一つの宝もの　下巻」
「人類史上初めて明かされた神の国に入る方法　Ⅰ」
「人類史上初めて明かされた神の国に入る方法　Ⅱ」
「人類史上初めて明かされた神の国に入る方法　Ⅲ」
「人類史上初めて明かされた神の国に入る方法　Ⅳ」

「人類史上初めて明かされた神の国に入る方法　V」
「人類史上初めて明かされた彼岸に入る方法　1」
「人類史上初めて明かされた彼岸に入る方法　2」
「人類史上初めて明かされた彼岸に入る方法　3」
「人類史上初めて明かされた彼岸に入る方法　4」
「人類史上初めて明かされた彼岸に入る方法　5」
「般若心経の驚くべき功徳」（JDC）
「永遠の生命を得るために」第一巻～第四巻（近代文藝社）
「ふたつの地球をめざして」「ノアの方舟世界を巡る」（第三書館）
「ユダヤ人が立ち直れば世界が見事に立ち直る」
「ユダヤ人が方向転換すれば世界全体が方向転換する」
「人類の救いも滅びもユダヤ人からくる」
「ユダヤ人に与えられた永遠の生命」（文芸社）

インターネットのみで販売している「マイブックル」での著書
「世界に完全平和を実現するために」（第一巻）（第二巻）
「ユダヤ人問題について考察する」第一巻～第五巻

「ユダヤ人が悔い改めれば地球に驚くべき平和が実現する」第一巻〜第五巻
「ユダヤ人が悔い改めれば地球に完全平和が訪れる」第一巻〜第五巻
「ユダヤ人問題とは何か」第一巻〜第五巻
「真の世界平和実現のための私の提言」第一巻〜第五巻
「人類と地球の未来を展望する」第一巻〜第七巻
「人類へのメッセージ」第一巻〜第八巻
「般若心経と聖書の不思議な関係」
「永遠の生命について考察する」第一巻〜第十一巻
「誰でも分かる永遠の生命」第一巻〜第五巻
「ユダヤ人が悔い改めれば千年間の世界平和が必ず実現する

現住所　〒673-0541　兵庫県三木市志染町広野6-169-4
TEL　090（3940）5426　FAX　0794（87）1960
E-mail : akenomyojo@k.vodafone.ne.jp
http://kajiwara.sitemix.jp/
http://twitter.com/kajiwara1941
blog : http://eien201683.ieyasu.com/
YOUTUBE : http://www.youtube.com/user/kajiwara1941
https://www.facebook.com/kazuyosi.kajiwara

死なない人間になりました 下巻

発行日
2020年1月20日

著　者
梶原和義

発行者
久保岡宣子

発行所
JDC出版
〒552-0001　大阪市港区波除6-5-18
TEL.06-6581-2811(代)　FAX.06-6581-2670
E-mail：book@sekitansouko.com
H.P：http://www.sekitansouko.com
郵便振替　00940-8-28280
印刷製本
前田印刷株式会社